LES ANIMAUX FANTASTIQUES

MYTHES ET LÉGENDES

Texte de Claude-Catherine Ragache

Illustrations de Marcel Laverdet

Collection dirigée par Gilles Ragache

HACHETTE
Jeunesse

Le serpent arc-en-ciel Guyane

Au commencement du Monde, les oiseaux d'Amazonie portaient tous le même plumage, sombre et terne. En ce temps-là, les Indiens de la grande forêt respectaient les oiseaux et ne les chassaient jamais. Malheureusement, au fond du puissant fleuve qui traversait la forêt, vivait un serpent monstrueux et féroce.

Aucun être vivant n'osait s'approcher du fleuve, car tel un diable surgissant des profondeurs de l'eau, la tête noire de l'immense reptile jaillissait à la surface. En un clin d'œil, l'imprudent disparaissait, happé par une gueule béante. Puis le monstre replongeait dans son antre aquatique, à l'affût d'autres victimes. Malgré le danger, les hommes devaient se rendre au bord du fleuve, pour y puiser de l'eau et y pêcher leur nourriture... Ils conclurent alors une alliance avec les oiseaux, et ensemble, partirent en guerre contre le grand serpent d'eau.

En entendant approcher les Indiens et les oiseaux, le serpent se réjouit à l'avance du succulent repas qui s'offrait spontanément à lui. Cependant, dès qu'il eut sorti la tête de l'eau, il mesura le danger et préféra replonger bien vite : les hommes brandissaient des flèches aiguisées et les oiseaux avaient visiblement affûté leur bec !... Prudent, le serpent se coula dans les profondeurs du fleuve et s'enroula autour de racines immergées.

Sur la berge, les assaillants retenaient leur souffle : où était donc le monstre carnivore ? D'où surgirait-il pour ravir une nouvelle victime ? Les Indiens avaient bandé leurs arcs, les oiseaux étaient sur le qui-vive... mais le serpent ne se montrait pas. Ils comprirent alors qu'il faudrait aller le débusquer sous l'eau... Poliment, le chef des Indiens s'adressa aux oiseaux : "Veuillez nous excuser, leur dit-il, nous savons seulement combattre sur la terre ferme. C'est vous qui aurez l'honneur de plonger.

— Veuillez nous excuser, répondit le porte-parole des oiseaux, nous préférons les combats aériens. Nous ne plongerons donc pas."

Aussitôt le tumulte s'installa sur la rive du fleuve. Suivant l'exemple de leurs chefs respectifs hommes et oiseaux se confondirent en excuses réciproques. Heureusement, durant ces palabres, le serpent resta invisible... Tout à coup, une voix puissante interrompit les discussions :

"Silence, vous tous ! Moi je vais plonger, bien que cela ne me réjouisse guère ! Il faut bien faire sortir le monstre de sa retraite ! Préparez-vous à l'accueillir comme il convient quand il remontera à la surface !"

Ce courageux volontaire était un cormoran. Familier du monde aquatique, il proposait son aide, en sachant toutefois qu'il n'allait pas se livrer à une partie de pêche de tout repos...

Le cormoran prit son élan et plongea. Sous l'eau, il découvrit un spectacle merveilleux : le corps du serpent, dont il ne connaissait que la tête noire et hideuse, était recouvert d'écailles multicolores et brillantes. Son reflet irisait l'eau de teintes lumineuses, si bien que l'antre du monstre ressemblait à un palais féerique. L'oiseau n'en oublia pas pour autant sa mission et, fonçant vers son ennemi, l'attaqua par surprise à coups de bec et de griffes. N'ayant pas prévu cette offensive, le reptile se dégagea trop tard des racines autour desquelles il s'était lové. Mortellement blessé, il ne parvint pas à saisir le cormoran, qui remonta bien vite à la surface annoncer sa victoire. Aussitôt les Indiens se saisirent de longs crochets et hissèrent sur la berge le corps lourd et inerte du reptile. Ils commencèrent à le dépouiller sans attendre, mais le cormoran intervint et réclama la merveilleuse peau pour prix de sa victoire. "Viens donc la chercher !" répondit en riant le chef indien, certain que l'oiseau ne pourrait jamais soulever ce volumineux trophée. Son rire s'éteignit bien vite car, sur un signe du cormoran, tous les oiseaux se précipitèrent sur la peau et la saisissant dans leur bec, l'emportèrent dans les airs. Quand ils se furent suffisamment éloignés des Indiens furieux qui leur décochaient une volée de flèches, les oiseaux se partagèrent

la dépouille multicolore. Alors, le plumage de chacun d'entre eux se para aussitôt des teintes éclatantes du serpent.

Depuis ce temps, la sombre forêt d'Amazonie abrite des perroquets jaunes, rouges, verts, des oiseaux-mouches multicolores, des martins-pêcheurs au ventre bleu... Seul le courageux cormoran porte un plumage sombre : ses compagnons l'avaient oublié et, à la fin du partage, il ne lui était resté que l'affreuse tête noire du serpent ! Faisant preuve d'une grande sagesse, notre héros avait cependant accepté de s'en contenter...

Quant aux Indiens, ils se souviennent également du grand serpent d'eau : son gigantesque corps apparaît encore parfois dans le ciel, sous la forme d'un magnifique arc-en-ciel.

Le cormoran prit son élan et plongea : le spectacle était merveilleux.

Le fou rire de la grenouille Australie

UNE GRENOUILLE FUT UN JOUR PRISE DE FOLIE. Oh, elle ressemblait à une grenouille ordinaire, toute verte et extrêmement discrète... Mais c'est précisément cette discrétion qui lui minait le moral, car personne ne la remarquait ! Elle devait même sans cesse prendre garde à ne pas se faire écraser par les autres animaux qui posaient leurs grosses pattes n'importe où !... Aussi décida-t-elle d'agir : bientôt tous seraient obligés de lui prêter attention... et de reconnaître sa puissance !

Patiemment, la petite grenouille commença à boire l'eau de tous les lacs. Ensuite elle avala le contenu des étangs, puis celui des mares, avant de s'occuper des fleuves, des rivières et des sources. Petit à petit, elle assécha la planète entière en faisant disparaître toute l'eau douce ! Pas un puits, pas une flaque, pas la moindre goutte de rosée ne lui échappaient. Evidemment, plus elle buvait, et plus elle grossissait. Sa taille dépassa bientôt celle des plus gros animaux : notre grenouille atteignit la hauteur des plus grands arbres et commença à ressembler à une montagne. Sa peau verte était tendue à craquer et elle ne pouvait plus remuer son corps enflé. Elle s'assit donc, immobile, le regard fixe, les yeux globuleux.

Elle ressentait un intense sentiment de fierté. A ses pieds les animaux, minuscules, faisaient cercle en la regardant avec inquiétude. Ils mouraient de soif, mais aucun n'osait l'attaquer ou lui faire le moindre reproche, tant elle était imposante. Pourtant, ils voyaient bien qu'elle retenait difficilement toute cette eau !

C'est alors qu'un singe eut une idée. Rassemblant

ses dernières forces, il se livra aux pitreries les plus drôles. Devant ses grimaces et ses contorsions, les animaux oublièrent provisoirement leur malheur et éclatèrent de rire... sauf l'horrible grenouille gorgée d'eau, qui resta impassible. Ensuite un lapin entreprit une série de tours cocasses qui firent se tordre de rire ses compagnons, mais la grenouille ne broncha pas.

Lorsque tous les animaux présents eurent montré leurs talents de clowns — hélas sans résultat ! — une anguille à l'aspect froid et sévère tenta sa chance. Dès qu'elle se fut dressée sur le bout de son corps souple, noir et filiforme, un léger frémissement parcourut la peau de la grenouille.

L'anguille se contorsionna, se plia et se déplia tant et si bien que la grenouille retint à grand peine un hoquet. Lorsqu'enfin l'anguille réussit à se transformer en une corde à nœuds, la grenouille explosa d'un rire énorme. Elle libéra aussitôt toute l'eau douce qu'elle retenait prisonnière. La planète était sauvée !

Radolo, le roi des serpents

Papouasie

La cime neigeuse du mont Tauga se dressait depuis des milliers d'années au-dessus des forêts épaisses qui couvraient l'île de Nouvelle-Guinée, lorsque le niveau des eaux commença à monter démesurément. En effet, pendant plusieurs lunes, des pluies torrentielles redoublèrent de violence, comme si les dieux avaient voulu noyer l'île entière.

L'eau des rivières et des lacs déborda, emportant sur son passage d'énormes blocs de rochers arrachés à la montagne. A son tour, la mer enfla dangereusement et d'immenses vagues furieuses vinrent frapper les côtes. Etait-ce la fin du monde ? Peu à peu les falaises du littoral disparurent, happées par une eau noire et houleuse. Puis les forêts furent englouties, ainsi que les sommets les moins élevés. Seules les crêtes enneigées du mont Tauga émergeaient encore au-dessus des flots déchaînés, mais pour combien de temps ?

Dans un fracas assourdissant, une lame géante approchait. Elle filait à toute allure sur la mer, se nourrissant au passage de tonnes d'eau qui décuplaient ses forces. Parvenue à quelques mètres du mont Tauga, elle sembla ralentir, reculer même, comme pour prendre son élan... Au même instant, la paroi rocheuse explosa, libérant la tête incrustée de diamants d'un reptile gigantesque : Radolo, le roi des serpents ! Furieux d'être dérangé dans sa retraite, il darda vers la vague menaçante une longue langue fourchue enflammée. Sous l'effet de son haleine brûlante, le mur d'eau se dissipa instantanément, transformé en fines gouttelettes de vapeur qui s'élevèrent vers le ciel. Lentement, Radolo sortit de la montagne en déroulant ses multiples anneaux puis plongea sa langue ardente dans la mer froide et ténébreuse. Alors, les vagues reculèrent, découvrant à nouveau les flancs boisés de l'île. Le serpent se tourna enfin vers les nuages porteurs de pluie et, de son souffle puissant, les refoula vers des contrées lointaines. L'île était sauvée !

De nos jours le sommet du mont Tauga scintille parfois. Ce sont peut-être les diamants de Radolo qui reflètent au loin les rayons du soleil levant ?....

Le serpent-pluie

Tlaloc, dieu aztèque de la pluie, était souvent représenté portant un masque décoré de serpents enroulés autour des yeux et de la bouche. En effet, dans la mythologie de l'ancien Mexique, les serpents symbolisaient à la fois les pluies torrentielles et les éclairs inséparables des orages violents qui s'abattent régulièrement sur cette région du monde. On croyait que le dieu Tlaloc déclenchait ces trombes d'eau en compagnie d'un énorme serpent gonflé de pluie, et dont la queue se terminait par une seconde tête.
Dans de nombreux pays, on croyait que les arcs-en-ciel qui apparaissent après les pluies étaient d'immenses serpents célestes qui courbaient leur tête vers la Terre pour se désaltérer.

Le Whowie Australie

En ce temps-là, les animaux parlaient tous le même langage. C'était bien longtemps avant l'apparition des hommes sur la Terre et surtout bien avant que les animaux ne se disputent entre eux pour de sombres affaires de mariage, mais ceci est une autre histoire... En ce temps-là donc, les tortues pouvaient dire bonjour aux oiseaux, les singes aidaient les kangourous à rappeler leurs petits, les rats d'eau et les ornithorynques organisaient des courses de vitesse dans le fleuve... Tous se comprenaient sans aucun problème. Un jour, ce langage universel leur fut d'un précieux secours.

Les rives du fleuve abritaient un grand nombre de familles. Les oiseaux nichaient dans les roseaux touffus, les loutres et les rats d'eau creusaient leurs tanières dans la berge, les castors y édifiaient de superbes barrages. C'était le paradis ! Pourtant, chaque soir, à l'heure où le soleil se cachait derrière l'horizon, la panique s'emparait de tout ce petit monde. Affolées, les mères battaient le rappel de leurs petits, tandis que les mâles consolidaient l'abri familial à l'aide de branches et de cailloux. Puis, chacun courait se cacher au plus profond de son nid ou de sa tanière. La nuit et le silence s'installaient, oppressants...

Soudain, d'une caverne ténébreuse creusée dans un escarpement rocheux dominant le fleuve, surgissait une silhouette gigantesque. Malgré son énorme taille, cette masse sombre évoluait rapidement, sans aucun bruit. Elle se glissait au bord de l'eau, là où les nids étaient les plus nombreux, les retournait d'un coup de patte, y plongeait son museau avide... Un gémissement, un cri retentissaient et le silence retombait de nouveau : un horrible monstre, le féroce Whowie, avait satisfait son terrible appétit ...

Long de plus de vingt pieds, armé de six pattes aux griffes acérées et d'une puissante mâchoire, le Whowie ressemblait à un énorme lézard. Le jour, il dormait au fond de sa sinistre caverne, mais il en sortait chaque nuit pour dévorer les autres animaux pendant leur sommeil. Tous le redoutaient...

Un matin, les rats d'eau découvrirent qu'ils avaient été une fois de plus les principales victimes du Whowie qui, semblait-il, appréciait tout particulièrement la chair tendre des plus jeunes d'entre eux. Consternés et découragés, ils demeuraient silencieux, le museau entre les pattes, près des nids dévastés.

“Assez pleuré ! Il faut agir maintenant !” Tous se tournèrent vers l'endroit d'où avait jailli cet ordre inattendu : qui donc pouvait bien songer à affronter le Whowie ? C'était une des leurs, une jeune mère bien décidée à ne plus laisser le monstre dévorer ses petits.

“D'accord, il est énorme ! Mais nous sommes nombreux ! Unissons-nous au lieu de nous lamenter. J'ai un plan : profitons de son sommeil...”

Quelques instants plus tard, tous les animaux savaient qu'une attaque contre le Whowie se préparait : grâce au langage universel, le message avait circulé à des kilomètres à la ronde. Même les kangourous, qui pourtant

habitaient assez loin des rives du fleuve, s'étaient ralliés au plan audacieux imaginé par la courageuse mère.

La panse bien pleine, le Whowie s'était profondément endormi au fond de son repaire. En prenant soin de ne pas faire de bruit, chaque animal vint déposer à l'entrée de la caverne des roseaux séchés et des fagots, jusqu'à en accumuler un tas immense ! Puis l'oiseau-mouche, qui connaissait le secret du feu, transforma ce tas en un gigantesque brasier. Une épaisse fumée envahit la caverne et le Whowie se réveilla bientôt. Effrayés, ses assiégeants l'entendirent tousser et s'agiter : chacun de ses mouvements ébranlait les rochers et faisait trembler le sol. Les animaux alimentèrent le feu pendant six jours, mais le monstre, résistant à l'asphyxie, remuait encore. Enfin le septième jour, suffoquant, les écailles roussies, il se jeta au travers du rideau de feu et jaillit hors de sa caverne. Sans même un regard pour les animaux qui, terrorisés, couraient se cacher au plus vite, le Whowie se précipita dans le fleuve : il était si mal en point qu'il s'y noya aussitôt ! Le soir même, les rats d'eau organisèrent une grande fête à laquelle furent conviés tous ceux qui les avaient aidés à anéantir le monstre.

Une épaisse fumée envahit la caverne et le Whowie se réveilla bientôt.

Le chameau d'orage Asie centrale

DANS UNE TRIBU D'ASIE CENTRALE, vivait autrefois un héros du nom de Merküt. Malgré sa jeunesse, il avait accompli maints exploits et ne craignait ni homme ni bête, même les plus sauvages : on l'avait vu terrasser un tigre à mains nues et maîtriser le plus fougueux des étalons, sans montrer ensuite le moindre signe de fatigue. Certains prétendaient qu'il avait même combattu des géants !...

Pourtant, quelque chose inquiétait le courageux Merküt : l'orage ! Le jeune héros pensait en effet qu'il serait bien stupide de mourir foudroyé. Il savait que la foudre tombait de façon imprévisible et face à ce danger il était aussi vulnérable que le plus chétif des enfants de sa tribu ! Cette idée, le vaillant Merküt ne pouvait la supporter. Il chercha donc un moyen de se protéger à coup sûr de la langue de feu des éclairs.

Comme tous ceux de son pays, Merküt connaissait le responsable des orages qui s'abattaient violemment sur la région, lorsque le soleil implacable avait chauffé le sol devenu brûlant comme celui d'une fournaise : c'était un chameau ! Oh, évidemment pas un chameau ordinaire... Celui-ci était une incarnation du génie du mal, autrement dit du Diable ! Pour déclencher un orage, il lui suffisait d'entrer dans l'eau d'une rivière ou d'un lac. Aussitôt, les volutes de vapeur s'échappant de ses nasaux se rassemblaient pour former un épais nuage qui le transportait jusqu'au ciel. Posé sur la surface instable et toujours changeante du sombre nuage, l'animal avait bien du mal à garder son équilibre. Il penchait à droite, penchait à gauche, et parfois même finissait par dégringoler sur la Terre, en grinçant des dents et en crachant du feu ! Alors les hommes effrayés entendaient le roulement du tonnerre et apercevaient une pluie d'éclairs criblant le sol. Parfois, en tombant, le chameau se brisait une dent : celui qui avait le bonheur d'en trouver un morceau ne connaissait plus jamais le malheur, à condition de ne révéler à personne sa découverte.

Un soir d'été éclata un orage d'une violence exceptionnelle. Tandis que les hommes de la tribu couraient se réfugier sous leurs tentes, Merküt sauta sur son cheval et s'éloigna en direction d'un défilé rocheux où les roulements du tonnerre retentissaient dans un vacarme épouvantable. Là, il attacha son cheval, s'abrita du mieux qu'il le put dans une fissure du rocher et attendit. Peut-être espérait-il ramasser une dent du chameau. Là-haut, dans le ciel, l'animal menait une sarabande infernale : il n'allait sans doute pas tarder à tomber de son nuage !

Bientôt en effet, dans une gerbe d'éclairs éblouissants, le diabolique chameau atterrit brutalement sur le sol, non loin de Merküt. Celui-ci bondit aussitôt de sa cachette et sauta sur son dos, juste entre les deux bosses. Furieux, l'animal se redressa et chercha à désarçonner son cavalier. Cramponné de toutes ses forces à la bosse avant, Merküt tint bon. Alors le nuage d'orage s'étant de nouveau formé, tous deux s'élevèrent vers le ciel.

Pendant cinq jours et cinq nuits, le farouche chameau vola dans toutes les directions, sans jamais réussir à se débarrasser de son indésirable cavalier. En bas, sur la Terre, les hommes terrorisés pensaient que ce long orage annonçait la fin du monde. Les reins et les bras douloureux, Merküt se demandait s'il allait tenir encore longtemps. Heureusement sa monture se fatigua plus vite que lui et implora sa pitié.

"Je veux bien te laisser en paix, répondit le jeune garçon, à condition que tu m'épargnes pendant les orages et ne lances jamais la foudre contre moi !

— Je te le promets, mais comment pourrai-je te reconnaître, de si haut et de si loin ? demanda le chameau.

— C'est très facile : je crierai simplement : "Je suis Merküt ! Je suis Merküt !", et tu éloigneras ton nuage."

L'accord fut ainsi conclu. Le chameau redescendit Merküt sur la Terre et celui-ci ne craignit plus jamais ni le tonnerre ni les éclairs. Depuis ce jour, les hommes de sa tribu et leurs descendants n'ont jamais manqué, pendant les orages, de s'écrier : "Je suis Merküt !" en frappant très fort sur des chaudrons afin que le chameau les entende bien. Ainsi, disent-ils, la foudre ne les tuera point...

Furieux, l'animal se redressa et chercha à désarçonner son cavalier. Cramponné de toutes ses forces à la bosse avant, Merküt tint bon.

Les lions bleus Afrique

Les lions bleus vivaient au fond du grand fleuve. Armés de pattes puissantes terminées par des mains d'hommes, ils partaient en chasse toutes les nuits pour tenter de satisfaire leur féroce appétit. Dans leur repaire, dissimulé derrière un rideau d'algues, s'alignaient des jarres, véritables garde-manger, au fond desquelles ils enfermaient leurs prises.

Un soir, l'un d'entre eux, quittant son sinistre repaire, découvrit un nouveau-né qui flottait entre deux eaux. Celui-ci était encore en vie, car dans ce fleuve magique, on ne se noyait jamais. Le lion bleu s'empara donc de l'enfant et l'enferma dans une jarre.

Ce bébé était le fils d'une pauvre femme abandonnée par son mari. Désespérée, elle se jeta à son tour dans le fleuve, sans que les villageois présents aient pu la retenir. Alors ils coururent prévenir le mari infidèle, qui vivait non loin de là. Pris de remords, il décida de partir aussitôt à la recherche de sa femme et de son fils. Par précaution, avant de sauter dans le fleuve, il se munit d'une corne magique de ngona qu'il attacha sur son dos.

À la tombée de la nuit, l'eau devint sombre mais, grâce à la corne lumineuse, l'homme put apercevoir des traces laissées sur le fond par les pas de sa femme. Bientôt il la rejoignit. La prenant tendrement par la main, il marcha avec elle en direction du repaire des lions bleus. A mesure que le couple s'en approchait, le paysage se faisait plus sinistre, et tous deux tremblaient à l'idée de voir un lion surgir d'un buisson d'algues. Il leur fallait faire vite pour délivrer leur enfant avant que ces monstres ne rentrent de la chasse. “Pourvu qu'ils aient tous quitté leur antre !” pensaient les pauvres parents en se serrant un peu plus fort la main pour se donner du courage.

Enfin ils pénétrèrent dans l'horrible repaire. Hélas, quelle ne fut pas leur déception ! Devant eux s'alignaient de nombreuses jarres, toutes identiques : comment découvrir rapidement celle qui emprisonnait leur fils ? Perdant tout espoir, la mère se mit à sangloter, mais son mari lui montra la corne de ngona. L'ayant détachée de son dos, il la pointa en direction des jarres en répétant : “Corne magique ! dis-moi où est caché mon fils !” Aussitôt la pointe de la corne s'immobilisa devant la dernière jarre de la troisième rangée, tandis qu'une petite voix inconnue murmurait : “Dans cette jarre ! dans cette jarre !” L'enfant était bien là, sain et sauf. Fous de joie, ses parents le délivrèrent.

“Maintenant sauvons-nous vite !” s'écria le père. Mais c'était trop tard : un lion bleu se tenait à l'entrée du repaire, leur interdisant le passage. C'était un vieux mâle revenu plus tôt de la chasse. Tout à la joie des retrouvailles, les parents ne l'avaient pas entendu approcher. “Entrez tous trois là-dedans ! leur ordonna le lion en désignant l'une des jarres. Nous vous mangerons demain !”

Alors que la jeune femme les croyait perdus, son mari réussit, malgré l'étroitesse de leur prison, à empoigner la corne de ngona. Successivement, il en dirigea la pointe vers son fils, son épouse et lui-même. En un clin d'œil, tous trois devinrent si petits qu'ils purent sans difficulté pénétrer dans la corne magique pour s'y cacher.

Les lions bleus rentrèrent de la chasse à l'aube. Aussitôt, ils se précipitèrent autour de la jarre que leur désignait fièrement le vieux mâle. L'appétit aiguisé, ils se léchaient déjà les babines. D'un coup de crocs, le chef ouvrit l'énorme vase. Un rugissement de déception monta de la troupe : au lieu de trois humains appétissants, la jarre ne contenait qu'une vulgaire corne absolument immangeable ! De rage, l'un des lions la mordit violemment. Alors qu'il croyait la briser comme un fétu de paille, c'est lui, au contraire, qui s'y cassa les crocs ! Furieux, il recracha ses dents et la corne magique, d'un mouvement si brutal que celle-ci fut propulsée hors de l'eau et retomba sur la berge. La petite famille était sauvée ! Se glissant hors de leur cachette, tous trois reprirent leur taille normale et rentrèrent au village, où ils furent fêtés en héros, car il était rare de voir les lions bleus et plus rare encore de leur échapper.

C'était trop tard : un lion bleu se tenait à l'entrée du repaire, leur interdisant le passage.

Le Tengu Japon

LE PETIT DRAGON SOMNOLAIT, douillettement installé sur un épais tapis de mousse humide, à l'ombre des grands roseaux. Le clair murmure d'une source berçait son sommeil, agrémenté de beaux rêves. Comme il se sentait bien depuis qu'il habitait ce jardin paisible, au cœur d'un monastère ! Les moines, devenus ses amis, le respectaient et le protégeaient, car sa présence empêchait leur puits de tarir. Comme tous les dragons d'Orient, et malgré son jeune âge, il avait le pouvoir de guider au-dessus des terres cultivées les nuages qui y répandaient des pluies bienfaisantes. Grâce à lui les moines mangeaient des légumes succulents et fleurissaient toute l'année l'autel de Bouddha.

L'ami préféré du petit dragon d'eau était justement le moine jardinier, qui ne manquait jamais de venir le saluer avant de puiser l'eau nécessaire aux plantes. D'ailleurs, il n'allait pas tarder à arriver...

Une abeille alourdie de pollen se posa sur le museau du dragon qui ouvrit un œil, secoua la tête... et se rendormit aussitôt. Pas pour longtemps, hélas ! Un épouvantable vacarme le réveilla brutalement : le jardin était plongé dans les ténèbres, et pourtant il y régnait une chaleur de fournaise ! Apeuré, le petit dragon d'eau se précipita sous un rocher, espérant s'y cacher. Trop tard ! Il se sentit agrippé par des serres puissantes et soulevé dans les airs, haut, si haut que le paisible jardin du monastère sembla bientôt à peine plus grand qu'une feuille de nénuphar ! Alors le petit dragon comprit son malheur : il était devenu la proie de l'abominable Tengu, l'oiseau de feu cruel, le responsable des sécheresses et l'ennemi des dragons d'eau !

A grands coups d'ailes, l'énorme monstre s'éloignait rapidement du monastère. Il survola des forêts immenses, puis des montagnes. Parvenu au-dessus d'un désert aride et brûlant, le Tengu ralentit, commençant à descendre en planant, et brusquement laissa tomber sa proie comme s'il s'agissait d'un vulgaire caillou. Le pauvre dragon atterrit rudement au fond d'une crevasse. Les os à moitié brisés, il se prépara à mourir. Comment aurait-il pu espérer survivre dans ce désert hostile et desséché ?

Abandonnant le dragon à son triste sort, le Tengu était revenu survoler le monastère. Dans le jardin, assis près du puits, le moine jardinier se lamentait : "Qu'est devenu mon ami le dragon d'eau ?" répétait-il en pleurant. Tout à coup, levant la tête, il aperçut l'oiseau de feu et devina ce qui s'était passé. Aussitôt son chagrin se transforma en colère : hurlant des injures à l'adresse du Tengu, il lui montra le poing et brandit la cruche avec laquelle il arrosait les fleurs comme s'il s'agissait d'une arme. Pauvre moine jardinier ! Irrité par les cris et les gestes hostiles de cet homme minuscule, le gigantesque oiseau de feu fondit sur lui et l'emporta jusqu'au désert où il avait abandonné sa première proie.

Lorsqu'il se sentit tomber dans le vide, le moine jardinier eut la présence d'esprit d'étendre les bras : gonflées d'air, les larges manches de sa tunique ralentirent si bien sa chute qu'il atterrit sans mal au fond de la crevasse où gisait son pauvre compagnon, déjà tout rabougri à cause de la sécheresse et de la chaleur. Durant son périlleux voyage, le moine n'avait pas lâché sa cruche, qui contenait encore quelques gouttes d'eau. "Espérons qu'il n'est pas trop tard !" se dit-il, et sans perdre de temps, il versa le précieux liquide sur la tête du dragon, tout en récitant quelques prières.

La première goutte avait à peine roulé sur la peau desséchée du dragon que celui-ci se remit à vivre et à enfler, enfler démesurément comme un nuage porteur d'orage. D'un seul coup de sa longue queue, qui avait pris les couleurs de l'arc-en-ciel, il écarta les parois de la crevasse qui le retenait prisonnier et invita son ami le jardinier à grimper sur son dos. Par le chemin des airs, tous deux revinrent rapidement à l'abri de leur paisible jardin. Grâce au courage du moine, une dramatique sécheresse avait pu être évitée. Le terrible Tengu disparut de la région, sans doute vexé d'avoir perdu la partie...

La première goutte avait à peine roulé sur la peau desséchée du dragon que celui-ci se remit à vivre.

Boongurunguru Iles Salomon

CE JOUR-LÀ, BASANIA ÉTAIT TRÈS FIER, car son père l'avait envoyé seul dans l'épaisse forêt qui entourait le village. "Prends cette machette, lui avait-il dit, et va couper des palmes pour réparer le toit de notre hutte. Tu es maintenant assez grand pour faire ce travail !"

En peu de temps, Basania récolta une grosse brassée de palmes. Il choisissait les plus grands arbres et s'amusait à grimper jusqu'aux premières branches. D'en haut, il apercevait son village, où ses parents et ses frères semblaient tout petits. Avant de redescendre, il tranchait d'un coup sec deux ou trois palmes et regardait bien où elles tombaient pour les retrouver ensuite. La végétation était si touffue...

Peu à peu, Basania sentit la fatigue le gagner. La machette était lourde et son bras lui faisait mal : il était temps de rentrer. Il repéra un dernier arbre, se hissa jusqu'au sommet, et stupeur... ne vit pas le village ! Il avait beau tourner ses yeux de tous côtés, il n'apercevait rien, pas même une trace de fumée ! Il était pourtant sûr de ne pas s'être éloigné. Que se passait-il ?

Inquiet, Basania remarqua alors que le ciel avait changé. D'épais nuages noirs approchaient et de violentes bourrasques secouaient la cime des arbres. Une tempête s'annonçait. Basania s'apprêtait à redescendre le long du tronc pour se mettre à l'abri quand de terribles grognements le surprirent. Epouvanté, il manqua de tomber : il avait reconnu le cri le Boongurunguru, le féroce sanglier. C'était un animal gigantesque et hideux que chacun redoutait de rencontrer : sur son groin poussaient des fougères dans lesquelles se cachaient des nids de frelons, son crâne était plat et fuyant, ses yeux cruels. Il filait comme l'éclair, suivi d'une multitude de porcs sauvages et agressifs. La terre grondait sur leur passage.

Terrorisé, Basania tremblait de tous ses membres. A présent il entendait distinctement les grognements et devinait au travers de la végétation des centaines de points lumineux : les yeux des monstres ! Pourvu qu'ils ne le découvrent pas !

Cramponné sur l'arbre, Basania se faisait tout petit, quand soudain une terrible pensée lui traversa l'esprit : le troupeau démoniaque se dirigeait vers le village et risquait de le détruire ! Les anciens affirmaient que c'était possible et prononçaient en tremblant le nom de Boongurunguru en évoquant ses cruels maléfices. Alors Basania prit une courageuse décision : il allait attirer Boongurunguru vers lui afin de l'éloigner du village. Surmontant sa peur, le jeune garçon descendit le long du tronc en chantant le plus fort possible. La forêt était plongée dans l'obscurité, mais il entendait des arbres tomber sur le passage du troupeau et voyait les yeux lumineux se rapprocher. Son plan avait réussi !

Basania posa le pied sur le sol et se retourna brusquement, pour faire face à l'ennemi... Immobile, il vit s'approcher les bêtes fauves et ferma les yeux. Quand il les rouvrit, il ne découvrit autour de lui, au lieu des monstres attendus, qu'un troupeau de porcs, des porcs minuscules, à peine plus gros que des souris ! En un éclair, il se souvint de certains récits racontés par les anciens du village : selon eux, si l'on avait suffisamment de courage pour affronter le sanglier démoniaque, celui-ci devenait de plus en plus petit en s'approchant de vous. La légende était vraie ! Basania n'en revenait pas. L'horrible Boongurunguru était réduit à la taille d'un animal nain ! Voilà qui changeait tout ! Aussi il n'hésita pas. De toutes ses forces, il jeta sa machette en direction de Boongurunguru, qui disparut instantanément, comme volatilisé. Pour un peu, Basania aurait juré avoir rêvé... En toute hâte il quitta ce lieu maudit.

Lorsqu'il retrouva enfin ses parents, Basania fut assailli de questions : "Où étais-tu ? Où sont les palmes que tu devais cueillir ? Qu'as-tu fait de la machette ?" Basania resta obstinément muet. Il savait que s'il dévoilait le secret de son extraordinaire aventure, des serpents volants envahiraient le village. Il en était sûr : les anciens l'avaient affirmé.

Le Boongurunguru se dirigeait vers le village et risquait de le détruire.

Le Rokh Malaisie

BUDAK YOID INTOIE AURAIT BIEN VOULU APPRENDRE À FORGER LE MÉTAL, mais ses six frères aînés le chassaient toujours de l'atelier, en lui répétant : "Tu es trop petit !" Aussi, chaque soir, dès que les ferronniers avaient quitté la forge, Budak s'y glissait en cachette. Prenant soin de ne pas se brûler, il ramassait les éclats de fer éparpillés autour des enclumes et les enfermait dans un panier qu'il dissimulait sous des chiffons. Son panier fut bientôt plein.

Une nuit, profitant du sommeil de ses frères, Budak quitta la chambre commune et retourna dans l'atelier. Sans bruit il ralluma le feu et se mit à l'ouvrage. Rien de plus facile : il suffisait d'imiter les gestes si souvent observés ! Au petit matin, fier de son travail, il courut réveiller ses frères. En entrant dans la forge, ceux-ci n'en crurent pas leurs yeux ! Un couperet, le plus grand qui eût jamais été forgé de mémoire de ferronnier, reposait sur la plus grosse des enclumes. Sa lame à l'affût bien tranchant renvoyait la lumière comme un miroir. Ils ne voulurent tout d'abord pas croire que Budak était l'auteur de ce chef-d'œuvre, mais ils durent pourtant se rendre à l'évidence : seul leur petit frère réussit à soulever l'énorme couperet. Budak leur réservait encore des surprises... Les entraînant au-dehors, il leur montra un arbuste en fleurs qu'il avait planté devant la maison au cours de cette même nuit : "Armé de ce couperet, leur dit-il, je vais parcourir le vaste monde et y chercher fortune. Surveillez bien cet arbuste : dès que ses fleurs se faneront, vous saurez que je suis en danger." Et sans plus attendre, Budak s'enfonça dans la jungle, se taillant un chemin à l'aide du couperet.

En fait, Budak avait oublié de révéler un merveilleux secret à ses frères : le couperet était capable de changer de taille à volonté ! Un jour, il devint aussi long qu'un pont et lui permit de franchir un large fleuve. Par contre, lorsque Budak n'en avait plus besoin, le couperet reprenait sa taille normale et montait au ciel, prêt à redescendre au premier appel de son propriétaire. Grâce à cet outil magique, Budak vint à bout de monstres redoutables.

Un jour il entra dans une ville désertée et silencieuse. Que s'y était-il donc passé ? Pour le savoir Budak grimpa jusqu'au sommet de la citadelle où s'élevait un palais superbe, désert lui aussi. Il en explora vainement toutes les chambres : personne ! Dans la toute dernière, il trouva un grand tambour. Pour rompre le silence oppressant qui commençait à le rendre nerveux, il frappa sur le tambour et chanta à tue-tête. C'est alors qu'il entendit une petite voix qui semblait sortir du cœur même de l'instrument. Soulevant celui-ci, il en vit sortir à sa grande surprise une jeune fille, une princesse ravissante qui se jeta à ses pieds. "Sauvez-moi ! s'écria-t-elle. Je suis la dernière survivante de cette ville ! Un monstrueux oiseau, le Rokh, a dévoré tous les habitants. Il revient chaque soir, et quand il se pose sur le palais il plonge la ville dans les ténèbres, tant sa taille est gigantesque. Plusieurs héros ont tenté de le tuer, mais jamais leur sabre n'a été assez puissant pour percer sa peau recouverte d'écailles étincelantes, ni assez long et tranchant pour couper ses sept têtes avides, munies d'un bec acéré."

Ces mots à peine prononcés, un violent courant d'air ébranla le palais et des piaillements sinistres déchirèrent le silence : le Rokh approchait déjà ! Tandis que la princesse se précipitait à nouveau dans le tambour, Budak sortit sur la terrasse. En hâte il alluma des bâtonnets d'encens et récita les formules magiques qui lui permettaient d'appeler son couperet. Celui-ci descendit aussitôt du ciel et vint se placer dans la main de son maître qui le fit tournoyer à toute vitesse. En apercevant cet adversaire inattendu, les sept têtes du Rokh rugirent de colère. L'une d'elles, dont les yeux rougeoyaient comme des braises, tenta de le happer, mais il fut plus rapide : la tête monstrueuse roula au pied de la citadelle, tranchée net, d'un coup de lame magique. Alors Budak monta sur le toit du palais, à l'endroit où le Rokh se posait habituellement : du haut de ce perchoir il fit sauter l'une après l'autre les têtes du monstre, qui finit par s'écrouler sur une terrasse, entraînant son vainqueur dans sa chute.

N'entendant plus aucun bruit, la princesse sortit de sa cachette et découvrit Budak vivant, mais retenu prisonnier sous une aile du Rokh. Elle essaya en vain de soulever le corps de l'oiseau mais il était bien trop lourd et Budak commençait à étouffer. Impuissante, elle se lamentait lorsqu'elle entendit des voix. Avertis du danger par les fleurs qui se fanaient sur l'arbuste planté par Budak avant son départ, ses frères étaient partis à sa recherche. Ils purent heureusement le délivrer à temps. Plus tard, Budak et la princesse se marièrent et leurs nombreux descendants redonnèrent vie à la cité dévastée par le Rokh.

Alors Budak monta sur le toit du palais, à l'endroit où le Rokh se posait habituellement

Hanoûmat, le singe volant Inde

La princesse Sita était si belle que le démon Râvana décida de l'enlever. Râvana, horrible géant pourvu de dix têtes et de multiples bras, commandait une redoutable armée de démons. Cependant, pour enlever la princesse Sitâ, Râvana préféra employer la ruse plutôt que la force. Un jour, alors que Sitâ et son mari, le prince Râma, traversaient une épaisse forêt, le démon fit apparaître devant eux une gazelle au pelage et aux cornes d'or. Fascinée par la beauté de l'animal, Sitâ demanda à son mari de le capturer. Râma s'éloigna donc, laissant la princesse seule. Quand il revint, sans avoir pu attraper la gazelle, son épouse avait disparu... Fondant sur elle comme un oiseau de proie, le démon Râvana l'avait enlevée sur son char céleste.

Fou de chagrin, le prince réunit son armée et alla trouver le roi des Singes, qui vivait sur une haute montagne.

"Toi qui commandes tous les singes du monde, as-tu des nouvelles de mon épouse, la princesse Sitâ ?

– C'est possible, répondit le roi des Singes, car il y a quelques jours, le char du démon Râvana a survolé ce sommet. Il transportait une femme qui se débattait et qui a jeté sur le sol des bijoux et un voile. Les voici !"

Le prince Râma reconnut aussitôt les bijoux et le voile de son épouse. Le roi des Singes continua : "Le démon se dirigeait vers le sud. Pour t'aider à le retrouver, je vais envoyer dans cette direction une armée commandée par Hanoûmat, mon meilleur général."

Hanoûmat était un singe géant, doué de pouvoirs extraordinaires. Fils du dieu du Vent, il savait voler et franchissait d'un bond les plus grandes distances. A peine né, prenant le soleil pour un fruit appétissant, il s'était élancé vers le ciel, semant la panique parmi les planètes. Invincible et d'une force prodigieuse, Hanoûmat combattait sans armes.

L'armée des singes se mit donc en route vers le sud, passant au peigne fin les moindres recoins du pays. Après un mois de vaines recherches, ils arrivèrent au bord de la mer. Un jour, un vautour géant, très âgé, vint se percher près d'Hanoûmat :

"Moi qui peux voir très loin, j'ai aperçu le repaire de Râvana : c'est l'île de Lanka !

— Grand merci !", s'écria Hanoûmat qui, prenant appui sur le sommet d'une montagne sacrée, s'élança d'un bond prodigieux vers l'île. En la survolant, il découvrit les rues emplies de démons armés jusqu'aux dents et d'éléphants harnachés pour le combat.

Heureusement, le singe géant pouvait changer de taille à volonté : il se fit donc tout petit, et pénétra dans la forteresse où était enfermée Sitâ. “Grimpez vite sur mon dos, lui dit-il, le prince vous attend.” Mais elle refusa, car elle avait peur de tomber et jugeait qu'il n'était pas convenable qu'une princesse voyageât sur le dos d'un singe... Hanoûmat repartit donc seul, promettant de revenir avec Râma et son armée.

De redoutables monstres peuplaient la mer qui séparait le continent de l'île de Lanka. Aussitôt, les singes se mirent au travail afin de construire une digue permettant de faire traverser l'armée. La digue achevée, le prince et Hanoûmat, suivis de leurs armées, se précipitèrent vers Lanka.

Le combat fut sans pitié. Hanoûmat bombardait ses adversaires de rochers et tous les chefs des démons furent bientôt terrassés. Râma affronta alors Râvana en combat singulier, et le tua d'une flèche magique.

Râma et Sitâ se retrouvèrent avec joie. Hélas ! Les singes-soldats gisaient tous sur le sol, morts ou blessés. Seul Hanoûmat, invincible, n'avait pas souffert. Alors il s'envola vers le nord, jusqu'aux montagnes de l'Himalaya. Là, sur un sommet herbeux, poussaient des plantes qui avaient le pouvoir de cicatriser les plus graves blessures et de redonner la vie. En voyant planer au-dessus d'elles l'ombre gigantesque du singe, ces plantes magiques se cachèrent. Mais, d'un seul geste, Hanoûmat trancha le sommet de la montagne et emporta vers ses compagnons ce remède miraculeux qui leur rendit la vie.

Pégase et la chimère Grèce

Le corps de Méduse, créature terrifiante et meurtrière, gisait inerte aux pieds de Persée, son vainqueur ! Le regard insoutenable de ce monstre qui changeait en pierre ceux sur lesquels il se posait, s'était enfin éteint à jamais ! En se cachant derrière son bouclier, Persée avait en effet réussi à trancher l'horrible tête de Méduse à la chevelure de serpents. Encore effrayé par la violence du combat, le jeune héros s'empara de cet affreux trophée. C'est alors qu'il se crut victime d'une hallucination : jaillissant du cou de sa victime, deux silhouettes prirent leur envol. L'une avait la forme d'un homme armé d'une épée d'or, l'autre celle d'un magnifique cheval ailé...

Persée n'avait pas rêvé. En mourant, Méduse avait bien donné le jour à un géant, Chrysaor, et à Pégase, un merveilleux coursier volant. Cet animal racé, aux membres gracieux et au pelage blanc, devint aussitôt un objet de convoitise. De nombreux chasseurs se lancèrent à sa poursuite, avec l'espoir de le capturer. Nuit et jour, des guetteurs demeuraient embusqués sur le mont Hélicon, d'où, d'un coup de sabots, Pégase avait fait jaillir une eau pure et fraîche, celle de la source Hippocrène. Si, par chance, il arrivait à ces patients guetteurs d'apercevoir le cheval blanc, jamais cependant ils ne parvenaient à l'attraper car au dernier moment l'indomptable créature déployait largement ses ailes... et s'envolait !

Parmi ceux qui rêvaient de s'emparer du farouche Pégase, Bellérophon se montrait le plus acharné. Ce jeune Grec était célèbre pour son intelligence et sa beauté.

Certains prétendaient même qu'il était fils de Poséidon, le dieu de la mer. Quoi qu'il en soit, tant de chance suscitait des jalousies. Injustement accusé d'avoir séduit l'épouse d'un roi, Bellérophon avait été exilé et contraint de se soumettre à plusieurs épreuves, toutes dangereuses. Ses ennemis espéraient bien qu'il y laisserait la vie ! C'est ainsi qu'il avait été mis au défi de tuer la Chimère, monstre sanguinaire dont les têtes, de lion, de chèvre et de dragon, vomissaient des flammes...

Comment s'en approcher ? Après réflexion, Bellérophon avait mis au point un plan d'attaque pour lequel il avait absolument besoin de Pégase. Il s'était donc lancé à la poursuite du cheval ailé.

Des jours et des jours Bellérophon courut sur les traces de Pégase... en vain. Le coursier semblait narguer son poursuivant, il le laissait approcher, si près parfois que celui-ci frôlait de la main son beau pelage blanc, puis soudain s'envolait... Fatigué et démoralisé, Bellérophon, prêt à renoncer, demanda conseil à Athéna.

Un soir, il se rendit dans le temple de la déesse et, s'étant couché près de l'autel, s'endormit bientôt. Au milieu de la nuit, une voix lui ordonna de se réveiller. Ouvrant aussitôt les yeux, Bellérophon ne vit personne, mais aperçut posé près de lui sur le sol un objet brillant : c'était un mors destiné à dompter les chevaux. Celui-ci était d'or ! Un présent d'Athéna !

Le lendemain, lorsque Bellérophon s'approcha doucement de Pégase qui buvait à une source, le cheval ne broncha pas. Contre toute attente, il accepta sans difficulté le mors magique. Alors Bellérophon enfourcha cette monture merveilleuse qui déploya largement ses ailes. Guidée par son nouveau maître, elle prit la direction de la Carie où vivait la Chimère.

Un paysage calciné et une acre odeur de fumée signalaient le repaire du monstre. Bellérophon se garda bien de faire atterrir Pégase. Il fit tournoyer le cheval au-dessus de la Chimère qui rugissait et sifflait en crachant des flammes vers cet ennemi venu du ciel, puis il décocha dans les gueules béantes de la bête une pluie de flèches plombées. Au contact de la fournaise le métal fondit aussitôt, tuant la créature maléfique.

Les ennemis du jeune héros comprirent alors qu'il était protégé des dieux et le laissèrent en paix. Hélas, grisé par ses victoires, Bellérophon se crut l'égal des dieux et voulut atteindre l'Olympe. Zeus ne le lui permit pas : il foudroya l'orgueilleux qui guidait son cheval toujours plus haut. Seul Pégase eut le droit d'atteindre la demeure céleste des dieux où il devint le messager de Zeus et le protecteur des poètes.

Géants des mers

Seul sur l'océan immense, l'équipage de ce navire du XVe siècle affronte courageusement les périls de la mer. Oh ! pas seulement les tempêtes, récifs ou tourbillons qui déchirent les voiles ou éventrent la coque, mais aussi les géants des mers. Les marins croyaient en effet que des géants habitaient dans les profondeurs des océans et qu'ils remontaient de temps à autre à la surface. Dans ce cas, malheur à ceux qui croisaient ces monstres !
Depuis l'Antiquité, de nombreux récits évoquent des poissons féroces ou des serpents de mer que des marins auraient rencontrés au cours de lointains voyages. L'auteur latin Pline, qui fut également amiral de la flotte romaine au Ier siècle après J.-C., parlait déjà de poissons-scies longs de 200 coudées (environ 100 mètres), de langoustes de 4 coudées (2 mètres) ou de baleine de 4 arpents (soit une surface de 8 000 mètres carrés) !...
Quinze siècles plus tard, quand de nombreux vaisseaux sillonneront les océans du globe afin d'en faire le tour, la découverte de nouvelles espèces animales dans des mers jusqu'alors inexplorées alimentera de nouvelles légendes. Celles-ci furent reprises dans les *Géographies* éditées au XVIe siècle : on y trouve des planches entières de croquis représentant de fantastiques géants des mers comme le Ziph ou le Trolual... purs produits de l'imagination des hommes !

Le Ziph

Ce curieux poisson, muni de pattes palmées et armé d'un redoutable bec aiguisé comme un rasoir, s'appelle le Ziph. Comme la plupart des monstres marins, il vit dans les mers sombres et froides du nord de la Terre. Les géants des mers pouvaient se livrer entre eux une guerre sans pitié. Ici, le Ziph s'apprête à engloutir un serpent de mer.

Le serpent de mer

Ce mystèrieux serpent est présent dans les légendes de la plupart des peuples marins. Il est connu sous des noms différents. En Scandinavie, il s'appelait le serpent du Midgard et il entourait la Terre en se cachant dans un vaste océan circulaire. Pour certains musulmans, il avait parfois sept têtes et s'appelait le Tennin. Il vivait d'ordinaire dans les grandes profondeurs mais quand il remontait à la surface, il était capable d'atteindre la côte et de renverser des arbres, des villes ou mêmes des montagnes d'un coup de sa longue queue noire. Enfin des marins attribuaient parfois le phénomène des marées au monstre biblique appelé Léviathan, qui avalait puis vomissait tour à tour les eaux.

Le calmar géant et le Kraken

La forme bizarre des pieuvres, poulpes et calmars, dont certains atteignent réellement une taille impressionnante, ont fait naître bien des légendes. En Amérique du Nord, des Indiens vivant sur la côte de l'océan Pacifique croyaient que certains monstres marins, ressemblant à des calmars géants, pouvaient leur porter chance. Ainsi les chefs de ces tribus se baignaient-ils dans des criques fréquentées par ces animaux afin de prouver leur force. Quant aux marins norvégiens, ils redoutaient le Kraken, poulpe géant qui pouvait couvrir de son dos un cercle de plus de 200 mètres de diamètre ! Malheureusement, la présence du Kraken signifiait aussi une pêche abondante, car ce géant aux longs bras s'installait d'ordinaire au milieu des bancs de morues. Pour cette raison, les pêcheurs prenaient le risque de disposer leurs lignes au-dessus du monstre, surveillant avec anxiété les moindres remous de l'eau qui pouvaient indiquer sa présence.

L'écrevisse géante

Tapie dans l'ombre, l'écrevisse géante attendait patiemment qu'une proie passe à proximité de ses redoutables pinces…

Le Trolual

Le domaine des Troluals, ou Baleines diaboliques, s'étendait au large de l'Islande. Aussi grandes que des montagnes, ces baleines adoraient jouer avec les bateaux : elles les secouaient, les renversaient ou les projetaient au-dessus de l'eau comme des ballons. Afin d'éloigner de leurs coques ces dangereux monstres, les marins les effrayaient au son des trompettes, ou encore leur jetaient d'énormes tonneaux. Se précipitant sur ces jouets inattendus, les Troluals oubliaient le bateau. L'équipage en profitait pour prendre la fuite, toutes voiles dehors !

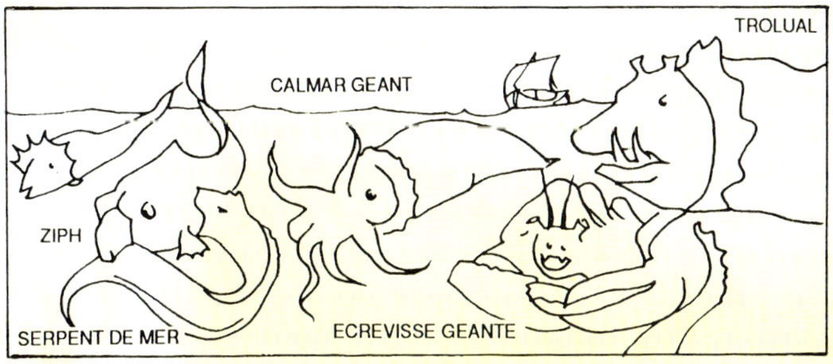

Le monde de la mer (I)

Le poète et le dauphin GRÈCE

CE JOUR-LÀ, À BORD DU NAVIRE QUI S'ÉLOIGNAIT DES CÔTES DE SICILE, avait pris place un passager illustre : Arion, poète et musicien célèbre, retournait à Lesbos, son île natale. Il avait fait embarquer plusieurs coffres contenant une partie de ses immenses richesses puis, dès l'appareillage, il s'était installé à la proue du navire. Inspiré par la beauté de la mer, il composait des poèmes qu'il chantait d'une voix mélodieuse, en pinçant les cordes de sa cithare. Bientôt, attirés par cette musique, plusieurs dauphins vinrent jouer le long du navire.

Soudain Arion reçut un coup violent sur la tête. A demi assommé, il sentit qu'on le jetait par-dessus bord. Le navire s'éloigna rapidement, abandonnant le poète au milieu des flots, tandis que les matelots se précipitaient sur les coffres pour en piller le contenu.

Arion, qui n'avait pas lâché sa cithare, n'avait plus la force de nager. Il suffoquait et glissait lentement vers les profondeurs quand il fut délicatement soulevé et ramené vers la surface. A l'air libre il retrouva ses esprits et comprit qu'il avait été sauvé par un dauphin !

Citus et Jonas MER ROUGE

Un jour, Dieu ordonna à Jonas de se rendre à Ninive pour convertir les habitants. Effrayé par l'importance de cette mission, Jonas prit la fuite et s'embarqua sur le premier navire en partance. Après quelques heures de navigation, comme s'annonçait une violente tempête, les matelots accusèrent Jonas d'avoir provoqué celle-ci par sa désobéissance. Ils le jetèrent donc par-dessus bord et l'abandonnèrent au milieu des flots. C'est alors qu'un

énorme monstre des mers vint à passer, la baleine Citus. Ouvrant une gueule gigantesque, elle avala Jonas qui échoua, bien vivant, dans son estomac. Pendant trois jours et trois nuits Jonas pria Dieu de lui pardonner sa faute. Ces trois jours écoulés, Citus recracha son prisonnier qui gagna Ninive où il accomplit enfin sa mission.

Andromède et l'ogre des mers GRÈCE

Un jour, chaussé de merveilleuses sandales ailées et coiffé d'un casque magique qui le rendait invisible, Persée survolait la côte égyptienne, lorsque des gémissements attirèrent son attention. Intrigué, le jeune Grec plongea vers le sol. Au pied d'une falaise, sur une plage déserte, il découvrit une jeune fille solidement attachée à un rocher. Elle pleurait. Son chagrin et sa beauté émurent Persée qui atterrit près d'elle. Il ôta son casque, rassura la belle inconnue et s'apprêtait à trancher ses liens quand elle l'en empêcha :

"Je m'appelle Andromède, lui dit-elle, et je suis fille de roi. Qui que tu sois, tu ne peux me délivrer, car ce sont les dieux qui ont dicté mon destin. Ma mère a prétendu être plus belle qu'Héra, et pour punir notre famille, cette orgueilleuse déesse m'a condamnée à servir d'appât à un horrible monstre qui vit au fond de cette mer. Si tu tranches mes liens, la colère d'Héra sera terrible et tu ne pourras pas échapper à sa vengeance. En revanche, si tu parviens à tuer le monstre avant qu'il ne m'emporte, mon père te comblera de cadeaux. Mais de grâce agis vite ! Le monstre approche..."

Sans hésiter, Persée se précipita au palais du roi et il proposa au père d'Andromède de délivrer sa fille à condition qu'il la lui donne en mariage. Le vieux roi accepta.

Lorsque Persée revint sur la plage, la tempête s'était levée et les vagues se brisaient contre la falaise en un grand fracas. Elles couvraient les gémissements et les pleurs d'Andromède qui tremblait de froid et de peur. Persée laça solidement ses sandales ailées et se coiffa du casque magique qui le rendait invisible. D'une main ferme, il empoigna son épée large et tranchante, cadeau du dieu Hermès, et attendit le monstre. Soudain un épouvantable rugissement roula sur la mer déchaînée, un mur d'eau s'éleva au cœur d'une gerbe d'écume : le monstre apparut, horrible, ouvrant une gueule immense, armée de plusieurs rangées de dents... Fouettant les flots de sa queue nerveuse et soufflant une haleine empoisonnée, il se précipita sur Andromède pour l'engloutir... mais fut arrêté net dans son élan par un violent coup d'épée qui trancha l'une de ses nageoires. Hurlant de douleur, le monstre se retourna, cherchant d'où provenait cette attaque : il ne vit personne, mais reçut bientôt une nouvelle blessure, qui l'atteignit plus profondément encore. Mortellement frappé, il sombra lentement sans comprendre ce qu'il lui arrivait.

Alors Persée, ôtant son casque magique, se montra au monstre vaincu. A l'instant où l'énorme créature disparut dans les flots, la tempête se calma et Persée délivra Andromède qu'il prit ensuite pour épouse.

Le chant d'Orphée GRÈCE

Le navire des Argonautes approchait de l'île des Sirènes. Ils revenaient de Colchide où ils avaient conquis la Toison d'or. A bord régnait l'inquiétude car les héros savaient que les sirènes, mi-femmes, mi-oiseaux, ensorcelaient les marins par leurs chants. Elles les attiraient ensuite dans des pièges mortels...
Déja quelques bribes de ces mélodies fatales se mêlaient au clapotis des vagues. Alors, pour franchir plus rapidement cette zone dangereuse, les rameurs redoublant d'efforts, montèrent tous la cadence. Seul un jeune homme, resté à l'écart, commença à chanter en jouant de la lyre. Il s'appelait Orphée et possédait une si belle voix qu'elle charmait la nature entière. Quand il chantait, en s'accompagnant de sa lyre que lui avait offerte le dieu Apollon, les plus féroces des animaux devenaient doux comme des agneaux et les tempêtes se calmaient. Cette fois encore la magie opéra, et le chant d'Orphée ayant dominé celui des Sirènes, les marins n'écoutèrent plus ces monstrueuses créatures qui les appelaient en vain, tandis que le navire s'éloignait à l'horizon...

Le monde de la mer (II)

Le Seigneur des Pieuvres POLYNÉSIE

KUPE, LE PLUS ADROIT DES PÊCHEURS POLYNÉSIENS, entra un jour en guerre contre le Seigneur des Pieuvres. Ce poulpe géant, grand comme une montagne, prenait un malin plaisir à voler les appâts de Kupe, qui rentrait de la pêche souvent bredouille. Le pêcheur fabriqua donc le plus gros harpon que l'on ait jamais vu. Il prépara soigneusement sa pirogue, y embarqua des vivres pour plusieurs jours et guetta son ennemi. Dès que celui-ci vint rôder autour de ses appâts, Kupe le prit en chasse. La poursuite dura plusieurs jours et dans son sillage le Seigneur des Pieuvres déchaînait la tempête. La mer devint plus sombre, le ciel plus nuageux. Au large d'îles noyées dans le brouillard, Kupe rattrapa enfin le monstrueux animal, qui de ses tentacules puissantes s'agrippa à la pirogue. Surmontant sa répugnance et sa peur, Kupe le transperça d'un coup de harpon et mit ainsi fin au règne sans partage du terrible Seigneur des Pieuvres...

La plongée d'Alexandre MÉDITERRANÉE

La construction du port d'Alexandrie ne progressait pas car, chaque nuit, d'étranges créatures venues de la mer démolissaient l'ouvrage accompli la veille. Aussi le roi Alexandre le Grand décida-t-il un jour de plonger lui-même dans les fonds marins afin d'identifier les coupables.

En compagnie de deux de ses serviteurs, Alexandre prit place dans un tonneau de cristal et se fit immerger au large de la côte. A mesure que le tonneau descendait, ses occupants découvraient avec émerveillement le paysage sous-marin. Eblouis par les lampes dont s'étaient munis ces intrépides explorateurs, des poissons de toutes tailles et de toutes formes prenaient la fuite.

Enfin le tonneau toucha le fond. Là habitaient les plus féroces géants de la mer, ces redoutables monstres qui saccageaient le chantier du port. Menaçants, ils rôdaient autour de la cage de verre, armés de nageoires tranchantes comme des rasoirs, de becs en dents de scie, de protubérances en forme de marteau. L'une de ces créatures était si longue qu'elle mit trois jours et trois nuits à passer devant le tonneau !... Malgré leur frayeur, Alexandre et ses deux serviteurs s'employèrent à dessiner le plus exactement possible les formes de tous ces monstres. Quand ils eurent terminé, le roi secoua une chaîne d'or attachée au tonneau : à ce signal, des matelots remontèrent les plongeurs à la surface.

De retour dans son palais, Alexandre convoqua les meilleurs artistes du pays et, leur montrant les croquis réalisés au fond de l'eau, il leur donna l'ordre d'exécuter des statues reproduisant les monstres marins. Il fit ensuite aligner ces statues au bord de l'eau, le long du chantier de construction.

La nuit venue, les géants de la mer jaillirent des profondeurs... et se trouvèrent nez à nez avec leurs propres effigies ! Effrayés par tant de laideur, ils replongèrent aussitôt au plus profond de la mer. On ne les revit jamais dans le port d'Alexandrie...

La naissance des îles Yap MICRONÉSIE

Un gigantesque lézard vivait autrefois dans le lagon de la grande île de Yap, au beau milieu du Pacifique. Cet animal féroce semait la terreur dans la population car il dévorait tous les hommes qui s'aventuraient sur la mer. Pourtant, comme la faim menaçait les habitants, un pêcheur nommé Pirow osa défier le monstre. Au petit matin, il plongea discrètement et décrocha du fond un lourd et gros coquillage, un de ceux que l'on appelle "bénitier" en raison de leur forme. Il accrocha le bénitier sous le balancier de sa barque et s'élança sur la mer en chantant fort et en frappant l'eau de sa pagaie afin d'attirer l'attention du lézard. Ce dernier apparut aussitôt, furieux d'être ainsi dérangé. Pirow ne montra pas sa peur et d'une voix forte il invita le monstre à monter à bord. Surpris, le monstre accepta l'invitation, mais pour se hisser sur la barque, il lui fallait prendre appui sur le balancier où était fixé le bénitier. L'énorme coquillage se referma aussitôt sur la tête du lézard pour ne plus jamais lâcher prise. Pris au piège, le monstre se défendit longuement, donnant de terribles coups de queue autour de lui, des coups si violents qu'ils brisèrent l'île en quatre. De nos jours les habitants pêchent tranquillement dans les eaux claires des quatre îles deYap.

Enfin, le tonneau toucha le fond. Là, habitaient les redoutables monstres qui saccageaient le chantier du port.

Tchal-Konyrouk et le chaudron magique

Asie centrale

Er-Töshtük était un cavalier d'une taille gigantesque doué d'une force surhumaine. Son cheval magique, appelé Tchal-Konyrouk, ne connaissait jamais la fatigue. Plus son cavalier le lançait au grand galop, plus Tchal-Konyrouk était content. Il déployait sa large queue comme un étendard et volait au ras du sol en soulevant une gerbe d'étincelles. Tchal-Konyrouk se nourrissait exclusivement d'herbes magiques qu'il mâchait sept fois avant de les avaler. Il parlait comme les hommes et pouvait changer de taille à volonté.

Un jour, Er-Töshtük et son cheval galopaient à travers la steppe quand, la terre s'ouvrant soudain devant eux, ils furent précipités dans un mystérieux monde souterrain. Ce monde était aux mains d'un cruel Géant Bleu qui avait lancé ses affreux guerriers borgnes contre les Mâmits, peuple doux et pacifique. Aussi ces derniers avaient-ils dû se cacher. Pourtant, à peine Er-Töshtük fut-il remis de sa chute, que quatre d'entre eux surgirent à ses côtés : "Sois le bienvenu au royaume souterrain ! dit l'un d'eux. Ta renommée est parvenue jusqu'à nous. Je suis Mâmit-le-Tourbillon, en moins d'une seconde je sais répondre à n'importe quelle question. Et voici Mâmit-le-Chamois, qui court à la vitesse du vent, et Mâmit-l'Ecouteur de la Terre, qui décèle le moindre bruit en collant une oreille sur le sol. Enfin voici Mâmit-Vue Perçante : comme son nom l'indique, rien ne peut échapper à son regard."

Escortés des quatre Mâmits, Er-Töshtük et le cheval magique s'enfoncèrent au cœur du monde souterrain. Ils évitaient de se montrer, mais un jour ils durent passer au milieu d'un troupeau gardé par une jeune fille d'une grande beauté. Voyant Er-Töshtük, elle en devint aussitôt amoureuse et courut l'annoncer à son père... qui n'était autre que le cruel Géant Bleu ! Fou de colère en apprenant que le héros avait pénétré dans son royaume, il punit sa fille en l'enfermant dans un filet aux mailles de fer. Puis il s'installa sur un trône d'or, attendant de pied ferme Er-Töshküt.

Mâmit-l'Ecouteur de la Terre avait entendu les gémissements de la jeune fille, et Mâmit-Vue Perçante avait décrit sa capture. Sans attendre, le cheval Tchal-Konyrouk, vif comme l'éclair, avait transporté son maître jusqu'au campement du géant.

"Je t'attendais, Er-Töshtük ! s'écria celui-ci d'une voix rugissante. Si tu veux ma fille, il te faudra d'abord rapporter le chaudron aux quarante poignées, qui jadis m'a été dérobé par des guerriers du monde terrestre et du monde souterrain. Ce chaudron magique produit des mets délicieux et son contenu bout dès qu'on lui en donne l'ordre ; mais il est difficile à saisir car ce sont des démons et des dragons qui lui servent de poignées. Il est caché au fond d'un lac, au-delà d'un immense désert et derrière des montagnes abruptes. Va donc ! Je ne te dis pas bonne chance, car je sais que tu ne reviendras jamais !"

Er-Töshtük enfourcha Tchal-Konyrouk qui démarra comme une flèche, suivi des quatre Mâmits. Pendant quarante jours, le cheval galopa sans répit à travers le désert. De temps en temps, sans même ralentir, il mâchait une poignée d'herbes magiques et toute impression de fatigue s'évanouissait. Parvenu au bord du lac, il s'arrêta enfin près d'une pierre noire sur laquelle on pouvait lire "Pierre sans Retour". Ici avait pris fin la vie des guerriers qui avaient tenté de dérober le chaudron. Le cheval s'adressa alors à Er-Töshtük : "Laisse-moi plonger dans ce lac, mon maître, pour y combattre le chaudron magique. Attends-moi ici, en compagnie des Mâmits. Si une écume noire monte à la surface de l'eau, cela signifiera que je suis vaincu. Si elle est rouge, que je suis blessé. Si elle est blanche, que j'ai gagné."

Tchal-Konyrouk s'enfonça sans hésiter dans les eaux froides et noires du lac. D'abord il ne vit rien puis ses yeux s'habituèrent à l'obscurité et il aperçut une lueur rougeoyante. Il s'en approcha. C'était le chaudron ! Sa poignée la plus redoutable, un dragon à l'haleine venimeuse, menaçait Tchal-Konyrouk qui engagea pourtant le combat.

Sur la rive, Er-Töshtük et les Mâmits attendaient avec angoisse. Mâmit-l'Ecouteur de la Terre posa son oreille contre le sol :

"Le cheval est en mauvaise posture, dit-il, son souffle est rauque." Au même instant un peu d'écume rouge apparut à la surface. Mâmit-le-Chamois se mit à courir en tous sens, mais Mâmit-Vue Perçante s'écria brusquement : "Victoire ! Tchal-Konyrouk vient de blesser mortellement le dragon. Il remonte le chaudron ! Regardez cette écume blanche !"

Et c'est ainsi que le cheval magique réussit l'épreuve imposée à son maître par le Géant Bleu. De retour au campement, Er-Töshtük délivra la fille du géant. Mais avant qu'il ait pu l'échanger contre son trophée, le cheval saisit le chaudron entre ses dents et le lança sur le trône d'or. Le chaudron explosa dans un fracas assourdissant, délivrant à jamais le monde souterrain du cruel géant.

Le bélier d'or

Afrique

Quel tapage ! Mais quel tapage ! Au-dessus des sombres nuages, on n'entendait que grondements et martèlements, entrecoupés de cris tonitruants. La vieille brebis qui habitait le ciel se disputait une fois de plus avec son fils, un remuant bélier à la toison d'or. Au village, chacun courut s'abriter de son mieux, espérant qu'elle parviendrait à empêcher son enfant terrible de descendre sur la Terre.

Ce bélier à la toison étincelante était un animal redoutable, qui, tel un monstre enragé, détruisait tout sur son passage pendant les orages. Atteint de folie furieuse, il déracinait les arbres aussi facilement que s'ils avaient été de minces fétus de paille... Parfois, il prenait son élan et fonçait droit sur une maison à laquelle il mettait le feu, d'un coup de ses cornes que la vitesse avait rendues incandescentes. A son approche, l'air s'emplissait d'une âcre odeur de fumée, et son haleine brûlante faisait fuir hommes et bêtes.

La vieille brebis menait grand vacarme pour rappeler son fils auprès d'elle, et de temps en temps un épouvantable fracas retentissait dans le ciel agité. Malheureusement, ce jour-là, elle ne réussit pas à se faire obéir : au moment où le bélier flamboyant fonça vers la Terre, un éclair aveuglant sillonna l'espace. Paralysés par la peur, les hommes songeaient avec respect à leurs lointains ancêtres qui, disait-on, étaient suffisamment forts pour repousser auprès de sa mère, haut dans le ciel, ce bélier d'or porteur d'orage.

La naissance du sanglier d'or

Scandinavie

Dans la nuit étoilée jaillit parfois un éclair étincelant, qui traverse la voûte céleste à la vitesse d'un cheval au galop. Cette lueur vive et éphémère, c'est le char du dieu Freyr, tiré par un merveilleux sanglier d'or. Voici comment est né ce fantastique animal.

Menteur et tricheur, Loki, le génie du feu, aimait par-dessus tout les mauvaises plaisanteries. Un jour, il rendit visite aux nains forgerons qui vivaient dans des galeries souterraines où ils fabriquaient des armes et des bijoux destinés aux dieux. Il s'adressa à deux d'entre eux, deux frères, et les mit au défi de créer des objets magiques.

“Ces objets, leur dit-il, devront surpasser par leur pouvoir tous ceux qui ont déjà été façonnés ici, comme la lance Gungnir, qui jamais ne manque sa cible, et le navire Skildbladnir, que l'on peut plier et ranger dans sa poche après usage...” Piqués au vif, les deux nains acceptèrent le pari et se mirent à l'ouvrage.

Loki connaissait le talent de ces forgerons, et n'avait pas l'intention de les laisser gagner. Aussi chercha-t-il un moyen de les déranger.

Absorbés par leur tâche, les nains s'affairaient autour de leur forge quand l'un d'eux poussa un cri de douleur. Il lâcha brusquement l'énorme soufflet avec lequel il ranimait le feu et se frotta vigoureusement l'oreille gauche : il venait d'être piqué par un gros taon ! Aussitôt après, son frère laissa tomber un lourd marteau et secoua sa main droite endolorie : l'insecte venait de lui planter son dard venimeux dans le gras du pouce ! A partir de ce moment, les deux nains ne connurent plus aucun répit. Insaisissable, l'insecte bourdonnait autour d'eux, les piquant et les repiquant sans cesse : pour empêcher les forgerons de gagner le pari, le malfaisant Loki s'était métamorphosé en un taon agressif qui les harcelait méchamment.

Pourtant le talent des forgerons était si grand qu'ils remportèrent la victoire. Non sans fierté, ils dévoilèrent le résultat de leur travail : un anneau magique qui augmentait sans cesse la fortune de son propriétaire, un marteau prodigieux qui revenait de lui-même dans la main de celui qui l'avait lancé et surtout le superbe sanglier d'or, qui serait plus tard attelé au char du dieu Freyr.

Animaux de mystère

Le Chipique

Le Chipique vit en Afrique, au fond du lit tumultueux du Zambèze, au pied des chutes Victoria. Monstre aquatique redouté des piroguiers, son jeu favori consiste à retourner les embarcations afin d'entraîner au fond de l'eau leurs occupants ...que jamais on ne revoit. Mi-serpent, mi-crocodile, le Chipique connaît l'art de camoufler son long corps écailleux parmi les roches qui affleurent à la surface du fleuve. D'abord sceptiques face aux terreurs des indigènes, quelques explorateurs européens du XIXe siècle ont pourtant affirmé que le Chipique existait bel est bien...

La Vouivre

A la fois serpent de feu et serpent d'eau, la Vouivre habitait en France, notamment en Franche-Comté, en Bourgogne et dans le Berry. Ce serpent ailé au corps de flammes, dont le nom viendrait soit de *vipera* (en latin : vipère, serpent), soit de l'indo-européen plus ancien *gwer* (devenu *wer* : chaleur), portait sur le front une escarboucle étincelante, pierre précieuse qu'elle déposait sur les margelles des puits ou sur les bornes des fontaines où elle aimait à se baigner. Celui qui parvenait à s'emparer de ce joyau détenait alors une immense richesse. Cependant il était difficile de tromper la vigilance de la Vouivre, gardienne des ruines et des trésors.

Le Yéti

Tout le monde se souvient de la terrible colère du capitaine Haddock lorsqu'il découvre, dans *Tintin au Tibet*, que le Yéti lui a volé un flacon de whisky et que les porteurs se sont enfuis, effrayés par la perspective de tomber nez à nez avec le monstre. A l'origine de ce récit du célèbre dessinateur Hergé, on trouve l'aventure d'alpinistes anglais. Partis en 1921 à l'assaut de l'Everest, ils eurent la surprise de voir leurs sherpas tomber à genoux devant une empreinte dans la neige en s'écriant "Metch Kangmi", ce qui signifierait "l'être des neiges". La presse occidentale s'empara de l'affaire : le mythe de "l'abominable homme des neiges" était né.
Cette créature mystérieuse, que les Népalais appellent Yéti, est-elle d'une espèce inconnue de singes ? A ce jour on n'en a retrouvé aucun, mais diverses descriptions font état de trois variétés de yétis : le Mi-the, le plus petit, de couleur fauve, inoffensif pour l'homme ; le Chutrey, le plus gros, qui pourrait atteindre trois mètres de haut mais serait végétarien ; et enfin le plus redoutable, reconnaissable à son crâne en pointe et mesurant 1,80 m : le Metrey - mangeur d'hommes !

Le Phénix

Selon l'historien grec Hérodote, qui fut le premier à rapporter cette croyance, vivait en Egypte un oiseau fabuleux : le Phénix. Cet oiseau étrange, de la taille d'un aigle, au plumage pourpre et or, ne se montrait aux habitants d'Héliopolis, la ville du soleil, que tous les cinq cents ans. A l'approche de sa mort, le Phénix s'enfermait dans une sorte de cocon de myrrhe et d'encens, d'où il renaissait peu après : alors il se posait sur l'autel du Soleil et y brûlait ce cocon magique. De là vient l'expression "renaître de ses cendres, tel le Phénix". Devenu symbole d'immortalité, le Phénix a été par la suite adopté par la tradition chrétienne, qui l'a assimilé au Christ. Cependant il est également présent dans de nombreuses légendes païennes. On raconte par exemple que les fées utilisaient ses plumes, réputées insubmersibles, pour construire des nacelles qui leur permettaient de franchir les mers sans danger au plus fort des tempêtes.

La Licorne

Apparentée au cheval, à la gazelle, ou même au rhinocéros, la licorne figure dans tous les bestiaires fantastiques imaginés par les peuples orientaux et européens. Partout cet animal mythique, gracieux mais sauvage, a donné naissance à de nombreuses superstitions. Au Moyen Age on croyait que la licorne ne pouvait être approchée que par les jeunes filles. On prêtait des vertus magiques à sa corne unique, en particulier celle de purifier l'eau et de neutraliser les poisons. On disait même que cette bête élégante pouvait se transformer en véritable furie à la vue d'un éléphant, son ennemi juré.

La Bête Rô France

Un grondement rauque tira Khar de son sommeil. Le chasseur repoussa les lourdes fourrures qui le protégeaient du froid et quitta sa couche. Enjambant avec précaution les autres occupants de la hutte, qui dormaient profondément, il se dirigea vers le seuil. Un ciel noir, sans étoiles, surplombait la clairière. Khar jeta quelques brindilles sèches sur des braises encore rougeoyantes. Aussitôt, une flamme claire s'éleva dans l'obscurité. Un cheval hennit dans l'enclos.

Le vent s'était levé, un vent au goût de sel, venu de la mer. Il apportait avec lui le bruit des vagues roulant sur la grève, mais aussi l'écho plus inquiétant d'une sinistre respiration, d'un feulement menaçant. La Bête Rô partait en chasse !

Khar ne l'avait vue qu'une fois, mais jamais il ne l'oublierait ! C'était une horrible créature, sortie droit des entrailles infernales de la Terre ; un dragon géant, à la queue écailleuse et au thorax ailé, à la fois rapide et puissant, et surtout d'une redoutable intelligence. Pour capturer ses proies, la Bête Rô échafaudait en effet des pièges démoniaques. Elle simulait le sommeil ou la mort, imitait le cri d'un blessé, appelait au secours ou encore faisait miroiter au soleil les écailles de sa queue pour leur donner l'aspect trompeur d'étincelantes pierres précieuses. Combien d'imprudents s'y étaient laissé prendre ! Jamais on ne les avait revus. Le monstre vorace les avaient entraînés au fond de son antre, une sombre caverne battue par les vagues.

Une nouvelle fois, Khar entendit le cri de la Bête. Elle approchait. En silence, il revint dans la hutte et réveilla ses compagnons les plus valides. “La Bête Rô !” Ces trois mots suffirent à les tirer instantanément du sommeil. Ayant rassemblé de lourds silex taillés, des haches de pierre polie et quelques armes de bronze, ils s'assirent autour du feu et attendirent. Attaquer la Bête les premiers ? Ils ne l'osaient pas. Pourtant, ils étaient prêts à se défendre.

Sept hommes, sept inconnus avaient acculé la bête au bord d'une profonde crevasse

Soudain, ils se redressèrent. Le vent leur apportait le bruit d'une bataille. Ils reconnurent le souffle rauque et furieux de la Bête, et entendirent des voix humaines s'interpeller. Que se passait-il ? Confiant la garde du campement à trois des leurs, Khar et ses compagnons se glissèrent dans l'ombre épaisse de la forêt. Guidés par le bruit, ils marchèrent en direction de la mer.

Le jour pointait à l'horizon. Sur la grève, une curieuse barque était échouée, à la fois longue et ventrue, équipée d'une large voile multicolore. Un bateau taillé pour de grandes traversées. D'où venait-il ? Où étaient ses occupants ? Bras tendu, Khar désigna un point sur la côte : il en provenait un épouvantable fracas. Ils s'approchèrent.

Sept hommes, sept inconnus, armés chacun d'un arc puissant, avaient acculé la Bête au bord d'une profonde crevasse où les vagues s'engouffraient avec violence. Ils portaient des casques métalliques et parlaient une langue incompréhensible. Ils tenaient en respect le monstre, qui semblait pris de rage et d'effroi, mais ne baissait pas le regard. D'un seul coup, sept flèches fendirent l'air en sifflant. Toutes atteignirent leur but : deux fermèrent à jamais les yeux insolents du dragon, deux lui percèrent les naseaux, deux autres se fichèrent dans ses oreilles. Quant à la dernière, elle lui cloua les lèvres. Ivre de douleur, la Bête Rô chancela et tomba lourdement au fond du gouffre. Les mystérieux archers prirent alors place au bord de l'abîme pour y monter la garde, immobiles tels des statues. Le monstre vaincu se débattait dans les flots, frappant de sa queue les parois de sa prison.

Khar courut vers le campement pour y annoncer la bonne nouvelle à sa tribu : "La Bête Rô est emmurée ! Ecoutez comme elle rugit de colère ! Nous ne craignons plus rien !"

Tous, vieillards, femmes et enfants se précipitèrent sur les lieux du combat pour remercier leurs sauveurs, mais la barque avait disparu, ainsi que les mystérieux archers. A leur place, autour du gouffre où râlait toujours la Bête, se dressaient sept pierres...

Les oiseaux de Lug Irlande

Par un matin d'hiver, le roi d'Ulster et ses invités, les huit seigneurs les plus puissants d'Irlande, furent réveillés par une mystérieuse musique qui semblait venir du ciel. Intrigués, ils sortirent dans la cour du palais et levèrent les yeux : au-dessus de leurs têtes tournoyaient de grands oiseaux blancs qui, tout en volant, composaient une merveilleuse mélodie. Ces étranges oiseaux allaient deux par deux, reliés par une fine chaîne d'argent. Ceux qui guidaient chaque groupe étaient réunis par un joug en or, comme s'ils conduisaient un attelage céleste. Ce matin-là, il y avait neuf groupes de vingt oiseaux dans le ciel pâle. D'où venaient-ils ?

Tandis que le roi et ses seigneurs contemplaient ce ravissant spectacle, les oiseaux se posèrent sur la prairie qui entourait le palais et se mirent à en manger l'herbe. Alors la joie fit place à la consternation. En moins d'une heure, sous leurs coups de bec dévastateurs, les verts pâturages se transformèrent en une étendue pierreuse : arrachant même les racines, les oiseaux n'épargnèrent pas la moindre touffe d'herbe. Avec regret, chacun comprit que l'arrivée de ces superbes animaux constituait en fait un épouvantable fléau. Il fallait donc sans tarder les mettre hors d'état de nuire. Alors qu'ils s'envolaient, le roi fit atteler neuf chars de chasse.

La chasse aux oiseaux, loisir très prisé par les seigneurs, se pratiquait en effet en char : les oiseaux étaient abattus en pleine course au moyen de javelots ou de pierres lancées à l'aide de frondes. Chacun des neuf chasseurs prit donc place dans un de ces chars, au côté d'un cocher. Le roi monta dans le char de tête, en compagnie de sa sœur Dechtéré, qui aimait à conduire

Ils chassèrent toute la journée sans abattre un seul de ces mystérieux oiseaux.

l'attelage royal. A son signal, tous se lancèrent à la poursuite des oiseaux.

Ils chassèrent toute la journée, sans jamais parvenir à abattre un seul de ces mystérieux volatiles. La nuit venue, la neige se mit à tomber à gros flocons, recouvrant le sol d'un épais tapis. Les chasseurs se trouvaient trop loin du palais pour songer à y revenir et les chars, trop lourds, ne pouvaient plus avancer dans la neige. Le roi envoya deux de ses compagnons chercher un abri pour y passer la nuit. Ils revinrent bientôt, ayant découvert à proximité une petite maison, modeste mais toute neuve. Le couple qui l'habitait leur offrait volontiers l'hospitalité.

Lorsque le roi et les seigneurs se présentèrent à la porte de cette pauvre demeure, celle-ci leur sembla peu digne de leur rang, mais faute de mieux, ils se résolurent à y entrer. A peine en avaient-ils franchi le seuil, que la maison sembla s'élargir et, contre toute attente, ils parvinrent tous à s'y loger à l'aise, y compris les cochers et les chevaux ! Dans la salle principale, ils découvrirent un succulent repas préparé à leur intention, composé de mets abondants et variés, dont certains leur étaient inconnus. Ils questionnèrent en vain l'humble couple qui les avait accueillis, et qui maintenant les servait avec zèle. C'est alors qu'ils comprirent que cette misérable chaumière était en réalité un palais magique créé par les dieux...

Cette nuit-là, la sœur du roi, la princesse Dechtéré, fit un curieux songe. Lug, dieu de la vie et de la lumière, apparut dans son sommeil et lui révéla le secret des oiseaux inconnus : “Ce sont mes messagers, dit-il à la jeune femme, je les ai envoyés chez vous, afin de vous attirer dans ce palais magique. Dans quelque temps vous saurez pourquoi...” Et sur ces mots mystérieux, le dieu Lug disparut.

Le lendemain matin, le roi donna l'ordre de prendre le chemin du retour. Quand il se retourna pour contempler une dernière fois la demeure magique, il n'en restait plus trace. Neuf mois plus tard, la princesse Dechtéré mit au monde un garçon qui devait devenir un des plus grands héros de l'Irlande : c'était Cuchulainn, le fils du dieu Lug.

Troussepoil France

LE CAVALIER GUIDAIT PÉNIBLEMENT SON CHEVAL dans les rues encombrées du bourg. C'était jour de marché : devant les étals de légumes et près des parcs à bestiaux, se pressait une foule animée de paysans et de promeneurs. Le cavalier et sa monture, fatigués par une longue route, avaient soif. L'homme demanda le chemin de l'auberge. Quelques instants plus tard, il était attablé devant un cruchon de cidre, la pipe aux lèvres et les bottes délacées. Dans la grande salle, où pétillait un feu accueillant, les servantes s'affairaient, un groupe d'hommes concluait un marché, des enfants jouaient. Le cavalier savourait cet instant de repos...

Soudain, venant de la rue, un cri monta, suivi de beaucoup d'autres. Bientôt ce fut une immense clameur qui s'insinua dans la salle de l'auberge : on y devinait la peur. Comme tous les clients, le cavalier s'était levé. Autour de lui, les conversations s'étaient tues, la pâleur avait envahi les visages. Brusquement, la porte qui donnait sur la rue s'ouvrit et la foule fit irruption dans la pièce en hurlant : "Troussepoil ! Troussepoil !" Aussitôt l'aubergiste barricada portes et fenêtres, tandis que les clients se terraient dans le coin le plus reculé de la salle. Par une vitre, le cavalier eut le temps de voir la rue se vider : comme pris d'une soudaine folie, petits et grands couraient se mettre à l'abri.

Alors le cavalier entendit depuis l'extérieur une respiration rauque, un pas pesant. "Une illusion ! se dit-il, cette panique est contagieuse !" Mais, par une fente, il aperçut alors une sorte d'ours monstrueux, doué d'une force colossale, qui emportait une vache. L'animal rôda un moment autour de l'auberge, puis s'éloigna lentement en faisant trembler le sol sous son poids.

"Troussepoil est parti ! Cette fois il n'a mangé que la vache de Jacques Bonhomme ! s'écria un petit garçon.

— Mais qui est ce Troussepoil ? demanda le cavalier à l'aubergiste.

— Un monstre affreux ! Une créature diabolique, qui s'attaque aux hommes et aux animaux ! On l'appelle Troussepoil à cause de ses poils noirs qui se dressent partout sur sa grande carcasse quand il sort du torrent où il a élu domicile ! Ah comment pourrons-nous nous en débarrasser ?

— J'ai doublé non loin d'ici un envoyé du pape et son escorte ! s'écria le cavalier. Il se dirigeait vers ce village. Un saint homme comme lui saura probablement anéantir cette créature diabolique."

Un peu plus tard, le cavalier et une délégation d'habitants se présentèrent à l'envoyé du pape, qui eut l'air bien ennuyé quand il connut l'objet de leur requête. Pourtant il ne put refuser et, à contrecœur, s'approcha du repaire de Troussepoil. Là, il entama une série de prières, exhortant le monstre à sortir et à se faire aussi doux qu'un agneau. En vain. Troussepoil lui répondit par un grognement furieux et l'envoyé du pape... s'enfuit en courant ! Comme les habitants le regardaient d'un œil soupçonneux, il finit par avouer qu'il ne pouvait réussir, car il était en état de péché. Il avait embrassé en effet une jeune fille le matin même...

Le cavalier conseilla alors aux habitants de ne pas se décourager : il existait certainement un homme, innocent de tout péché, qui aurait le pouvoir de les délivrer du monstre. Tour à tour un bedeau, un chanoine, un curé et même un évêque furent soumis à l'épreuve. Tous échouèrent, l'un parce qu'il avait mangé avec gourmandise, un autre parce qu'il avait bu trop de vin,

trop dormi, ou s'était mis en colère... Enfin, on alla trouver le père Martin, prieur de l'abbaye voisine. Le vieil homme revêtit simplement une étole et, sans hésiter, se dirigea vers le torrent où Troussepoil digérait son repas, vautré dans la boue. Au premier appel du prieur, l'énorme créature se dressa de toute sa hauteur, menaçante. Au second appel, elle marcha vers lui. Au troisième, elle se laissa docilement passer une corde autour du cou, vaincue.

Lentement, le prieur et la bête traversèrent la place du marché, noire de monde. Sur leur passage les gens s'écartaient, impressionnés ; seules quelques filles osèrent rire et se moquer du père Martin. Parvenu devant l'église, celui-ci détacha Troussepoil et fit un signe dans sa direction. Aussitôt le monstre fut changé en une statue de pierre qui s'éleva dans les airs pour aller s'accrocher au pignon de l'église. Elle y est toujours.

Quant aux jeunes filles moqueuses, elles perdirent instantanément leur beauté et coururent se cacher chez elles sous les quolibets des habitants.

Le Sphinx de Thèbes - Grèce

A l'entrée de Thèbes vivait autrefois un monstre ailé appelé Sphinx. De sa mère Echidna il avait hérité une tête de femme, de son père Typhon une queue de dragon et comme sa sœur Chimère il avait un corps de lion. Bref, c'était une bête horrible et cruelle qui terrorisait les habitants.
Installé sur un rocher, le Sphinx attendait les voyageurs et leur posait une énigme à résoudre. S'ils ne savaient pas y répondre, il les dévorait aussitôt. Le héros Œdipe décida d'affronter ce monstre et se présenta donc à l'entrée de la ville.
Sans attendre le Sphinx lui posa la première question : "Quel est l'être qui marche tantôt à deux, tantôt à trois, tantôt à quatre pattes, et qui est le moins fort quand il marche à quatre pattes ?" Œdipe répondit sans hésiter. (1)
Déçu le sphinx refusa de laisser passer Œdipe et lui posa une seconde question : "Quelles sont les deux sœurs dont l'une engendre l'autre et dont la seconde engendre à son tour la première ?"
Œdipe répondit également à cette deuxième question (2). Alors, furieux, le Sphinx se jeta dans le vide du haut de son rocher et se tua.
De ce jour, les habitants de Thèbes purent vivre librement et voulurent qu'Œdipe devienne roi, ce qui fut fait. Mais un destin tragique attendait ce héros...

(1) et (2) : les réponses aux questions du Sphinx sont en page 47

Des gardiens vigilants...

Disséminés dans le vaste monde, les trésors ont toujours excité la convoitise des hommes. Nombreux sont ceux qui ont tenté de conquérir des monceaux d'or, de bijoux, de pierres précieuses..., mais aussi des trésors spirituels tels que les fontaines de la Sagesse, arbres de la Connaissance, herbes de l'Immortalité. Cependant ces fabuleux trésors sont toujours situés en des endroits difficiles et férocement gardés par des monstres terrifiants qui en interdisent l'accès. Afin de mieux connaître ces gardiens vigilants, circulons ensemble dans leur pays. Mais attention, ouvrez l'œil, car ils sont plus rapides que l'éclair !

A l'entrée du chemin veillent les serpents najas : le trésor que vous convoitez n'est pas caché derrrière eux, il est en eux ! Incrustées dans leur tête ou dans leur gosier, de resplendissantes pierres précieuses vous conféreront de multiples pouvoirs magiques... si vous parvenez à vous en emparer ! Ne dit-on pas parfois du diamant qu'il est "la bave du serpent" ?

Non loin de là somnole un dangereux dragon occidental qui surveille des jarres de pièces d'or. Prenez garde cependant, car les dragons d'Europe sont redoutables et ne dorment jamais vraiment, contrairement à leur cousins de Chine qui s'occupent plutôt de la pluie et du beau temps.

Au-delà du dragon pousse le Gaokerena, arbre de vie iranien dont les fleurs donnent l'immortalité. Un énorme lézard monte auprès de lui une garde vigilante. Il avale dans sa gueule béante chaque fleur qui tombe afin d'empêcher quiconque de s'en emparer.

A gauche du chemin s'ébattent deux griffons, oiseaux à têtes d'aigle et à corps de lion. On raconte qu'Apollon, dieu grec de la lumière, avait entreposé un fabuleux trésor dans une mystérieuse contrée nordique sous la garde de redoutables griffons.

Tout au bout du chemin, dans un marais putride, veille une hydre à trois têtes. Le seul moyen pour la détruire consiste à couper les trois têtes en même temps, sinon elles repoussent aussitôt, toujours aussi dangereuses.

En Chine, le grand Loup céleste garde le palais du Seigneur d'En-Haut, qui réside dans la Grande Ourse. Ce loup, dont les yeux verticaux luisent dans le ciel nocturne, est matérialisé par l'étoile Sirius. Il a pour mission d'attraper les hommes dans sa gueule et de les précipiter dans un gouffre profond...

En Irlande les chats, dont les yeux trouent l'obscurité, gardaient les ruines des châteaux. Sans bruit ils glissaient dans la nuit, se coulant dans des passages secrets connus d'eux seuls.

De l'histoire aux légendes

L'animal fantastique permet d'expliquer l'inexplicable et de donner une consistance matérielle à des peurs ou à des sentiments universellement répandus. Monstres et animaux étranges ont donc toujours hanté la mémoire des hommes. Toutes les civilisations ont donné naissance à des créatures extraordinaires, capables de résister au feu d'un volcan, de voler très haut dans le ciel, de plonger au plus profond des océans, d'ignorer la fatigue ou la faim, de disposer d'une force prodigieuse... bref, capables d'accomplir des exploits inaccessibles aux hommes.

Pour tenter de mettre un peu d'ordre dans ce foisonnement, on peut distinguer quatre grandes catégories d'animaux fantastiques :

— les monstres issus du chaos primitif, souvent de grande taille, tels les dragons ou les serpents géants ;

— les animaux symbolisant une calamité précise comme l'orage, l'inondation, l'incendie... ;

— les animaux peuplant les lieux dangereux de la planète : cavernes obscures, marécages putrides, forêts profondes, tourbillons marins, chutes d'eau... ;

— enfin ceux qui incarnent les plus vieux rêves de l'humanité : l'immortalité, la capacité de voler ou de communiquer avec l'au-delà...

Saint Michel terrassant le dragon (Artephot).

Le chaos primitif

Dans de nombreux récits mythologiques, les dieux ont d'abord dû anéantir des créatures violentes qui peuplaient le chaos primitif afin de pouvoir organiser un peu mieux le monde. Tandis que les divinités grecques et scandinaves ont affronté des géants, d'autres dieux se sont opposés à des animaux monstrueux, souvent apparentés à des reptiles géants ou à des dragons.

Pourquoi donc cet amalgame, presque universel, entre les animaux reptiliens et le chaos, le désordre et le mal ? Probablement parce qu'il s'agit d'animaux à sang froid qui, même de petite taille et inoffensifs, rebutent souvent le toucher. Mais, surtout, ils rampent et restent toujours en étroit contact avec la Terre. D'où la croyance qu'ils sont une incarnation des puissances infernales cachées dans les mondes souterrains. A Delphes, en Grèce, des émanations de gaz s'échappaient du sous-sol par une fissure de la roche : on racontait alors qu'un monstrueux serpent, appelé Python, avait élu domicile à cet endroit avant que le dieu Apollon ne le tue pour y édifier son sanctuaire.

Dans les régions où vivent bel et bien des reptiles ou des sauriens géants, ces animaux n'ont pas manqué de frapper l'imagination des hommes, qui les ont facilement transformés en créatures de

Le sosie du Whowie

En 1953, un photographe français, Jacques Villeminot, voyageant en Australie, se trouva nez à nez avec un Whowie... ou plutôt avec son sosie ! C'était un goana, lézard géant dont le corps ressemble à celui d'un crocodile posé sur d'énormes pattes cambrées et dont la tête rappelle celle d'un serpent. "Je n'ai jamais vu d'animal aussi effrayant d'aspect", écrit-il dans ses souvenirs de voyage avant d'ajouter : "Je restai figé devant cette bête monstrueuse."
Monstrueuse en effet, car le goana peut atteindre 3 mètres de long. Au Queensland on a trouvé un représentant de l'espèce dont le squelette mesurait... 8 mètres de longueur ! On comprend qu'un tel animal ait alimenté les légendes.

Sphinx de Gizeh (Goebel-Zefa)

Les animaux du désordre

Dans la Bible, le mal prend la forme de Léviathan, monstre marin surgi des profondeurs, dont la gueule évoque celle de l'Enfer. Cependant monstres et dragons ne sont pas les seules créatures fantastiques incarnant le chaos. Certains animaux ordinaires, impressionnant les hommes par leur violence, prennent dans les légendes l'apparence de créatures de cauchemar. Ainsi en est-il du sanglier, qui, en Europe celtique ou dans les îles du Pacifique, devient un monstre redoutable ou le Boongurunguru. Selon un mythe gallois, le roi Arthur ne parvint jamais à rattraper une truie magique qui semait la désolation sur son passage. En Finlande, c'est un monstre à forme d'ours qu'une magicienne envoie pour décimer le bétail.
Quant à la tradition chrétienne du Moyen Age, elle oppose souvent aux défenseurs de la foi des animaux fantastiques symbolisant le paganisme. Troussepoil en est un exemple.

cauchemar. Ainsi le Whowie australien peut-il être comparé à un véritable lézard, appelé le goana.

Edifices religieux, pièces de monnaies, poteries sont parfois décorées de scènes représentant un combat entre un aigle et un serpent. Cet oiseau majestueux incarne les forces célestes, le soleil, la lumière, opposées aux forces ténébreuses du chaos. Là encore, nature et mythologie font bon ménage puisque les rapaces attaquent effectivement les reptiles. Comme la légende guyanaise du serpent Arc-en-Ciel, un récit indien d'Amérique du Nord raconte comment des oiseaux ont fait alliance avec un héros humain pour anéantir un gigantesque serpent à trois têtes qui dévorait leurs nichées. Ce combat prend un caractère cosmique, car il s'agit "d'oiseaux-tonnerre" lanceurs d'éclairs opposés à un monstre reptilien dont le passage se signale par des tremblements de terre.

Les forces de la nature

Dans la plupart des civilisations anciennes, la violence des éléments fondamentaux a été représentée par des dieux importants : dieux de la mer, du vent, du feu et des mondes souterrains... Pourtant, la responsabilité de certaines manifestations de la nature (orages, séismes, inondations...), n'est pas toujours attribuée aux grandes divinités, surtout par les peuples les plus isolés : ces cataclysmes naturels sont alors symbolisés par des animaux fantastiques.

L'orage, insaisissable et redouté par tous les peuples, alimente de nombreuses légendes : oiseau en Amérique du Nord, il devient bélier d'or en Afrique, chameau coléreux ou taureau aquatique en Asie centrale... En Extrême-Orient, il prend l'apparence d'un dragon redoutable qui habite d'épais nuages noirs.

Dans les îles du Pacifique, le gigantesque serpent Radolo incarne le danger permanent d'éruption qui menace les habitants. Selon une tradition grecque, le monstre Typhon, reptile dont les cents gueules vomissaient des flammes, aurait été relégué par Zeus sous l'Etna (là encore un volcan) après un violent combat l'opposant aux dieux de l'Olympe. Une autre tradition situe ce même combat en Asie Mineure, dans une région que Strabon, géographe grec du Ier siècle, appelait le "Pays brûlé". Typhon aurait été foudroyé par Zeus en cet endroit dépouillé d'arbres, au sol cendreux et noir.

Les hommes ont donc toujours été tentés d'expliquer l'apparition brutale de diverses calamités par la présence d'une créature mystérieuse : aux Philippines, on affirmait qu'un serpent géant tentait parfois de déplacer le poteau sur lequel reposait la Terre, ce qui provoquait de violents tremblements du sol ; en Birmanie, il s'agissait d'un énorme poisson qui dormait sous la Terre, tenant sa queue dans sa gueule. A chaque réveil, il se mordait, d'où les secousses sismiques...

Enfin l'inondation et la sécheresse ont laissé des traces dans l'imaginaire collectif de la plupart des peuples, qui redoutaient l'un ou l'autre : au Japon, le démon Tengu, sous la forme d'un oiseau de feu, s'attaque au dragon porteur de pluie, pour provoquer une sécheresse dramatique. De nombreux mythes associent même le déluge, l'inondation ou la sécheresse à l'action d'une grenouille extraordinaire, capable d'avaler puis de recracher toute l'eau de la Terre !

Selon un mythe gallois, un afang, sorte de monstrueux castor, a détruit d'un seul coup de queue la digue de "l'étang de flots", provoquant ainsi un gigantesque raz de marée. Or au VIe siècle, un adoucissement du climat a provoqué d'importantes inondations. L'Histoire et la mythologie se rejoignent souvent...

Lieux dangereux, lieux mystérieux.

Les lieux hostiles et dangereux de notre planète ont souvent eu la réputation d'être hantés par des animaux fantastiques. Ainsi en était-il de la mer, longtemps considérée comme un espace mystérieux et plein de périls inconnus.

Au début du siècle, les habitants d'Aytré, sur la côte ouest de la France, affirmaient encore entendre les rugissements de la "Bête Rô", lorsque la tempête soufflait sur l'océan déchaîné. Ce monstre symbolisait tous les dangers de la mer, en particulier ceux des grandes tempêtes : "Si un jour la Bête Rô se tourne vers l'ouest, les îles s'envoleront..." précisaient les vieilles légendes de marins.

Depuis l'Antiquité, de nombreux monstres marins ont incarné les pièges

La Sirène

Les sirènes de l'Antiquité étaient des femmes-oiseaux pourvues d'un buste et d'une tête de femme. Elles avaient élu domicile dans une mystérieuse île de la Méditerranée. Quand un navire passait au large de leur domaine, elles chantaient pour attirer les marins dans des pièges mortels, et nul ne pouvait résister à leurs voix ensorcelantes. Deux héros y réussirent cependant : Ulysse qui boucha les oreilles de ses matelots avec de la cire et se fit attacher au mât du bateau afin de les entendre sans danger, et le musicien Orphée qui annula le pouvoir de leur chant grâce à une lyre magique.
Au Moyen Age les sirènes-oiseaux se transformèrent en sirènes-poissons, mais continuèrent à alimenter de nombreux récits de marins qui croyaient que leur apparition annonçait une tempête ou même un naufrage. Selon certains scientifiques, la silhouette des lamantins, mammifères marins qui vivent à l'embouchure de fleuves américains et africains, pourrait expliquer la croyance à ces femmes-poissons.

Amiens, livre d'heures, détail : une sirène (Antephot-Trela)

Devinette !

Au cours de l'Histoire, certaines descriptions d'animaux inconnus, rencontrés au hasard de voyages lointains, ont alimenté les légendes. Imprécises, souvent maladroites, et alourdies de comparaisons destinées à mieux les faire comprendre, ces descriptions ont fait naître des silhouettes fantastiques. Quel est donc l'animal décrit par Hérodote, historien et voyageur grec du Ve siècle avant J.-C. ?
"C'est un quadrupède, à pieds fourchus comme le bœuf, camus, qui possède une crinière de cheval, montre des dents saillantes, a la queue du cheval et son hennissement ; sa taille atteint celle du bœuf de la plus grande taille. Sa peau est assez épaisse pour qu'on en fasse, lorsqu'elle est séchée, des hampes de javelot."
... Il s'agit d'un hippopotame !

Pieuvre géante attaquant un voilier (J.L.Charmet).

Jonas dévoré par la baleine (G.Dagli Orti).

des océans, courants, tempêtes, tourbillons, écueils... Les héros grecs, Ulysse ou Jason, ne franchissaient pas sans crainte le détroit qui sépare l'Italie de la Sicile, gardé par des récifs transformés en redoutables monstres marins : Charybde et surtout "la vorace Scylla, avec sa ceinture de chiens féroces, qui fait retentir de ses aboiements les gouffres de la mer de Sicile" (Ovide).

Dans une autre épopée, *Le roman d'Alexandre le Grand*, qui connut de nombreuses adaptations au Moyen Age, en Europe, dans les pays arabes et même en Ethiopie, on raconte comment ce grand roi plongea au fond des mers pour y découvrir, dompter ou neutraliser d'étranges animaux géants.

La taille impressionnante de certains animaux marins explique la naissance de telles légendes. Ainsi les Chinois croyaient-ils à l'existence de la baleine Kouen, longue de plusieurs milliers de lis (un li fait environ 570 mètres !). Les Vikings, eux, redoutaient le serpent du Midgard qui, tapi dans l'Océan, encerclait la Terre de ses anneaux. Quant aux Hindous, ils vénéraient le serpent Ananka, dont le corps s'enroule sous la mer, autour d'un pilier qui soutient la Terre.

Aux XVe et XVIe siècles, poulpes et méduses géantes sont sans doute à l'origine du Kraken, mystérieux monstre qui sillonnait les mers nordiques. A la même époque, les curieuses silhouettes des morses aperçues par les marins dans la brume donnaient naissance à des monstres mi-animaux, mi-humains, tels que le "moine" ou "le singe marin".

En Afrique ou en Amérique latine, où les grands fleuves tumultueux constituaient souvent les seules voies de communication, les hommes redoutaient les gorges encaissées, les rapides et les immenses chutes d'eau. Les indigènes affirmaient que des animaux mystérieux peuplaient ces passages dangereux, comme le Chipique, qui, en remontant parfois à la surface du fleuve Zambèze, faisait chavirer les pirogues et broyait leurs occupants entre ses mâchoires puissantes. «On est convaincu dans le pays — écrit l'explorateur Livingstone en 1855 — que certaines prières ont le pouvoir de charmer cette hydre effroyable.» Au fond du lac Victoria, également en Afrique noire, se cachait l'horrible Lukwata, appelé aussi Dingonek. Il était pourvu «d'une tête cornue et carrée, armé de plusieurs rangées de dents et d'une queue terminée par un dard venimeux.» Une dangereuse rencontre...

Des animaux fantastiques montent souvent la garde à l'entrée de grottes ou de souterrains obscurs qui évoquent l'entrée des mondes infernaux. Dans plusieurs civilisations (en Grèce, en Scandinavie, en Asie centrale), des monstres en forme de chiens, parfois munis de plusieurs têtes, sont les vigilantes sentinelles des Enfers. En Irlande, des chats extraordinaires, aux yeux lumineux, hantent les ruines. En Arménie, les ruines sont le domaine du Houchkaparik, mi-âne mi-taureau.

Le rêve et l'imaginaire

Un animal fantastique n'est pas toujours synonyme de cauchemar ou de terreur. Parmi les créatures imaginées par les hommes, il en est qui, loin de hanter des endroits maléfiques, gardent au contraire des lieux mythiques, des terres de rêve où se cache le bonheur... D'autres, par leur forme pure et gracieuse, évoquent la poésie et les aspirations les plus élevées de l'esprit humain...

De nombreux héros légendaires se sont lancés à la conquête de fabuleux trésors dispersés à travers le monde. Trésors matériels, monceaux d'or rutilant, de pierres précieuses scintillantes, mais aussi trésors spirituels, telles la sagesse, la connaissance ou l'immortalité.

Ci-contre, Pékin, un des gardiens du palais impérial (G. Ragache)

Ci-dessous, la licorne (G.Dagli Orti)

Réservés à un petit nombre d'élus, ces trésors sont difficiles à conquérir : l'accès en est défendu par des gardiens vigilants, dragons, griffons et autres créatures fantastiques. Les Grecs croyaient par exemple que le dieu solaire Apollon allait passer l'hiver en Scythie, province lointaine du nord. Là, disaient-ils, le dieu avait caché d'immenses trésors et les faisait garder par des griffons, quadrupèdes ailés à corps de lion et à tête d'aigle, qui les défendaient de la convoitise des Arimaspes, monstres à forme humaine pourvus d'un œil unique. Or en cette région furent longtemps exploitées des mines d'or, et sans doute fallait-il, par tous les moyens, y compris par des légendes, dissuader les éventuels pillards de s'en approcher. Dans d'autres légendes on trouve les griffons associés à l'Arbre de Vie, arbre mythique dont les fleurs procurent l'immortalité, trésor qu'il faut absolument protéger sinon de grands malheurs en découleraient...

Cette qualité réservée aux dieux est symbolisée par un oiseau fantastique, le phénix, qui toujours renaît de ses cendres. Voici comment Hérodote décrit cet animal fabuleux, sacré pour les Egyptiens et qui n'apparaîtrait que tous les cinq cents ans : "S'il est tel qu'on le peint, (...) les plumes de ses ailes sont les unes couleur d'or, les autres d'un rouge vif. Pour la silhouette et la taille, il ressemble de très près à l'aigle."

Les oiseaux établissent un lien vivant entre les espaces célestes où vivent les dieux et la Terre où vivent les hommes. Ils servent souvent de messagers ou même de montures aux divinités. Deux corbeaux renseignent en permanence Odin sur les agissements des humains, le dieu celte Lug se manifeste par des vols de corneilles et Vishnou chevauche Garuda, aigle à visage humain.

Le rêve éternel de l'homme, voler afin de gagner les demeures célestes et divines où des paradis lointains, a parfois été incarné par des animaux fantastiques. Pour atteindre les îles merveilleuses où les fées accordaient l'éternelle jeunesse, les chevaliers du Moyen Age chevauchaient un hippogriffe, mi-cheval mi-oiseau. De même le héros grec Bellérophon croyait-il pouvoir atteindre l'Olympe grâce à Pégase, un gracieux cheval ailé. Si les dieux n'accordent pas à Bellérophon le droit de les rejoindre, en revanche ils octroient cette faveur au merveilleux coursier, qui, depuis, est devenu le symbole de la poésie. En effet les poètes, dont l'inspiration passait dans l'Antiquité pour être d'essence divine, n'élèvent-ils pas leur âme jusqu'aux plus hautes sphères ? Selon une autre légende grecque, l'un d'eux, Arion, aurait été sauvé de la noyade par d'extraordinaires dauphins, messagers d'Apollon, dieu de la musique et de la poésie.

Enluminure représentant Pégase, le cheval ailé (Artephot - Trela).

Ci-dessous, un Centaure marin et un dauphin (Artephot-Held)

Ci contre, un phénix, gravure chinoise (J.L. Charmet)

Réponses aux questions du Sphinx :

(1) "L'Homme, car il marche à quatre pattes quand il est bébé, à deux quand il est adulte, et avec une canne quand il est vieux"

(2) "Le jour et la nuit". En Grèce ancienne, le jour et la nuit étaient deux divinités féminines.

Éditeur : Véronique Babin - Assistante d'édition : Anne-Marie Labrunie - Responsable artistique : Bernard Duvivier

Table des matières

Dans la collection "Mythes et légendes"

Imprimé en Espagne par Fournier A. Gráficas, S.A. - Vitoria

Dépôt légal n° 5564-07-93 - Collection n° 05 - Édition 03
I S B N 2.01.016039-8

29/1061/0
93 - VII

Loi n° 49 956 du 16 juillet 1949 sur les publications destinées à la jeunesse. Dépôt 07-93